KB219399

마음의 주인을 바꿔라

마음까지 새롭게 되어 성숙의 열매를 맺는 삶

마음의 주인을 바꿔라

김승욱 지음

규장

진정한 능력은 변화에 있다

이스라엘의 광야 기록을 보면 한 가지 분명한 사실이 정리된다. 하나님은 그들을 단순히 약속의 땅으로 인도하시는 것에만 목적을 두지 않으셨다는 것이다. 하나님은 그들이 '제사장 나라와 거룩한 백성'으로 세워져서 약속의 땅인 가나안에 들어갈 수 있기를 원하셨다. 그래서 애굽에서 인도해내신 후에도 사십 년의 긴 세월 동안 그들을 광야에서 연단하신 것이다.

하나님께서는 우리가 비단 목적지에 도달하는 것뿐만 아니라 어떠한 모습으로 그 목적지에 도달하는지를 중요하게 생각하신다. 마음의 변화와 관계의 변화를 다룬 이 책의 메시지는 바로 이 점을 염두에 두고 준비한 것이다. 특히 삼 년이라는 긴 코로나 팬데믹을 거친 우리 자신에게 적용하고 싶은 말씀이었다.

하나님나라는 모형에 비롯된 것이 아니라 능력으로 증명되는 것이다(딤후 3:5). 진정한 능력은 변화에 있다. 이것이야말로 힘으로도, 능으로도 될 수 없고 오직 성령으로 될 수 있는 것이기 때문이다(갈 5:22, 23).

진정한 변화는 내면에서부터 시작한다. 마음의 변화가 그 시작이다. 내 마음을 오직 주님께 내어드릴 때, 주님께 합당한 마음으로 변화되기 시작한다. 그리고 우리 내면의 변화는 관계의 변화로 이어진다. 성숙한 관계 맺기로 나아가는 것이다. 마음이 변하고 관계가 변할 때, 삶이 변하고 삶에 맺히는 열매가 달라진다.

이 책을 통해 '변화'에 대해 구체적으로 묵상해보길 원했다. 변화를 그저 추상적으로만 이해하고 동의하는 것이 아니라, 자신의 모습을 구체적으로 돌아보면서 변화와 성숙을 사모하길 원했다. 우리 모두에게 변화에 대한 새로운 도전이 있기를 바란다. 날이 갈수록 예수님을 닮은 모습으로 변화되고 성숙해지길, 삶의 아름다운 열매를 맺으며 주님과 동행할 수 있기를 소망한다.

김승욱 목사

PART

2

성숙의 열매,
관계가 변해야
열매가 맺힌다

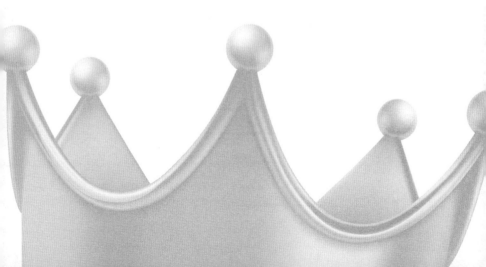

Part 1

변화의 시작,
마음을
내어드리라

에스겔 36장 26,27절

26 또 새 영을 너희 속에 두고 새 마음을 너희에게 주되 너희 육신에서 굳은 마음을 제거하고 부드러운 마음을 줄 것이며 27 또 내 영을 너희 속에 두어 너희로 내 율례를 행하게 하리니 너희가 내 규례를 지켜 행할지라

히브리서 8장 10절

10 또 주께서 이르시되 그날 후에 내가 이스라엘 집과 맺을 언약은 이것이니 내 법을 그들의 생각에 두고 그들의 마음에 이것을 기록하리라 나는 그들에게 하나님이 되고 그들은 내게 백성이 되리라

chapter 01
마음의 주인이 누구인가?

중요한 것은 내면의 변화

'변화와 성숙'이라는 큰 목표를 이루기 위해선 무엇보다도 마음의 변화가 먼저 이루어져야 한다. 우리가 아무리 슬로건을 외치고 애를 쓰며 노력한다 하더라도 변화는 우리 힘으로 가능한 게 아니다. 하나님이 하셔야 한다. 하나님은 우리의 마음을 만지셔서 주님의 형상으로 이루어가신다는 것을 반드시 기억해야 한다.

그렇기 때문에 우리 마음에서 변화가 일어나지 않으면 아무 소용이 없다. 마음이 변하지 않으면 결국 변하지 않은 것이다. 마음은 우리의 중심을 말한다. 그 중심이 변해야 진정한 변화가 이루어질 수 있다.

예수님 당시 종교인이었던 바리새인들과 사두개인들은 율법에 기반한 종교적 전통과 관습을 굉장히 철저하게 지켰다. 뭔가를 만지면 안 되고, 먹으면 안 된다는 것들 말이다. 그런 그들이 보니, 예수님과 예수님의 제자들은 율법이나 관습을 제대로 안 지키는 게 아닌가. 음식을 먹을 때 관례대로 손도 제대로 닦지 않고 배고프다고 그냥 막 먹는 것을 보고 '어떻게 당신의 제자들은 저렇게 부정한 모습을 보이느냐'고 예수님께 항의한 적이 있었다. 예수님은 이렇게 말씀하셨다.

'무엇을 만지고 안 만지고, 무엇을 먹고 안 먹는 것같이 겉으로 드러나는 모습들이 우리를 부정하게 만들거나 정하게 만드는 것이 아니다. 너희를 진짜 부정하게 만드는 것은 마음에서 나오는 것들이다. 마음에서 나오는 것이 악한 생각과 살인과 간음과 음란과 도둑질과 거짓 증언과 비방인데 이런 것들이 사람을 더럽히는 것이다.'

중요한 것은 우리의 마음, 즉 우리의 내면이라는 것이다. 아무리 우리가 겉으로는 신앙의 삶, 신앙의 관례를 따른다 할지라도 우리의 마음이 부패해 있으면 하나님 앞에 결코 올바르게 설 수 없다는 말씀이다.

여기서 우리는 예수님의 포인트를 잘 생각해야 한다. 바리새인들이나 사두개인들처럼 하나님의 율법을 철저히 지킨 사람들이 어디 있는가? 우리는 따라하기도 힘들 것이다. 그런데 그만큼 철저하게 율법과 전통과 관례를 지켰음에도 예수님은 그런 모습에 전혀 감동하지 않으셨다. 그런 것으로 정하게 되거나 부정하게 되는 게 아니기 때문이다.

우리도 신앙생활을 하면서 '나 정도면 지킬 것은 지키면서 꽤 잘하고 있지. 나 정도면 정결하지'라고 생각하고 있다면, 다시 생각해봐야 한다. 마음이 정결해야 한다. 우리의 중심이 깨끗해야 한다. 한 샘에서 쓴 물과 단물이 같이 나올 수 없고, 감람나무에서 무화과 열매가 날 수 없기에 우리는 우리의 근원이 깨끗한지 하나님 앞에서 우리의 마음을 살펴봐야 한다. 진짜 부정한 것은 마음에서 나온다.

부드러운 마음을 주리라

본문인 에스겔서 36장 26, 27절에서 하나님은 그분의 백성들에게 한 가지 약속을 하신다.

또 새 영을 너희 속에 두고 새 마음을 너희에게 주되 너희 육신에서 굳은 마음을 제거하고 부드러운 마음을 줄 것이며 또 내 영을 너희 속에 두어 너희로 내 율례를 행하게 하리니 너희가 내 규례를 지켜 행할지라 겔 36:26,27

이 당시 이스라엘 백성들은 바벨론에 끌려간 상태였다. 그들이 바벨론으로 끌려간 것은, 신앙의 열정이 없어서가 아니었다. 그들에겐 열정이 있었다. 성경을 보면, 성직자들도 많았고, 사람들은 번제물을 많이 가져와서 하나님께 제사도 드렸으며, 성전에 드나드는 사람들도 많았다. 겉으로 보면 훌륭한 신앙의 모습들이 충분해 보였다.

그러나 하나님이 보시기엔 완전히 곁길로 가고 있었다. 지금 바로 고침 받지 않으면 안 되었다. 그래서 바벨론에 끌려가는 엄청난 형벌을 허락하셔서라도 그들을 돌이키시려는 것이다.

그런 때에, 에스겔 선지자를 통해 주신 약속이 무엇인가? 너희 안에 군은 마음을 제거하고 부드러운 마음을 주시겠다고 하셨다. 이 말씀에서 하나님은 지금 이스라엘 백성들이 왜 이렇게까지 되었는지, 문제의 원인과 해결책을 동시에 알려주신다.

원인은 무엇인가? 마음이 빗나갔기 때문이다. 겉으로는 신앙생활을 꽤 훌륭히, 충분히 하고 있었지만, 하나님이 보실 때는 마음이 빗나갔기 때문에 이런 일이 벌어진 것이다. 마음이 돌같이 굳어 있었기 때문이다. 그런 이스라엘 백성에게 이제 '부드러운 마음을 주겠다'고 약속하신다.

돌같이 굳어 있는 마음은 바뀌지 않는다. 그 모습 그대로 고집하고 끝까지 간다. 그런 마음은 하나님이 만지실 수 없다. 그래서 하나님은 바벨론이라는 뼈아픈 형벌을 통해 부드러운 마음을 주겠다고 하시는 것이다. '마음'이 원인이었기 때문에 마음부터 고치시려는 하나님의 해결책을 볼 수 있다.

부드러운 마음은 하나님이 만지실 수 있는 마음이다. 하나님이 빚으실 수 있는 마음이다. 하나님은 그분의 뜻대로 빚으실 수 있는, 그래서 아름답게 그리스도의 형상으로 만들어갈 수 있는 마음을 주겠다고 약속하신다. 하나님이 보실 때, 마음이 가장 중요한 것이다.

예수님을 통해 그 마음을 주셨다

하나님이 약속하신 이러한 마음을 언제 허락하셨는가? 예수님을 통해 허락하셨다.

또 주께서 이르시되 그날 후에 내가 이스라엘 집과 맺을 언약은 이것이니 내 법을 그들의 생각에 두고 그들의 마음에 이것을 기록하리라 나는 그들에게 하나님이 되고 그들은 내게 백성이 되리라 히 8:10

이 말씀은, 구약의 예레미야서 31장 31절 이후에서 예레미야 선지자를 통해 주신 말씀을 신약의 히브리서 기자가 인용한 것이다. 예레미야는 에스겔과 같은 시대에 사역했던 선지자로, 같은 시대에 같은 문제를 보시고 하나님이 에스겔을 통해 말씀하셨던 것을 예레미야를 통해서도 말씀하신 것이다.

하나님은 구약에서 "그날 후에", 즉 언젠가 미래가 되면 하나님이 이스라엘 집과 언약을 맺을 것인데, "내 법을 그들의 생각에 두고 그들의 마음에 이것을 기록하리라 나는 그들에게 하나님이 되고 그들은 내게 백성이 되리라"라고 하셨다. 여기서 하나님은 '이 언약의 내용을 마음에 기록하리라'라고 하면서 마음을 강조하신다.

히브리서 기자가 여기서 이 말씀을 언급하는 이유는, 이제 그때가 되었다는 것이다. 하나님이 우리의 마음을 만져서 그 마음에 변화를 일으키시는 일이 지금 예수 그리스도 안에서 우리에게 허락되었다는 것이다. 이제 그 약속이 이루어졌다. 그러니 히브리 성도들을 향해 유대 종교로 다시 돌아가려는 마음을 버리라고 주신 말씀이 본문의 히브리서 말씀이다.

성경은 예수님을 통해 구원받은 사람들을 '본 어게인'(born again, 重生), 즉 '다시 태어난' 사람이라고 한다. 다시 태어나게 하셔서 우리에게 새로운 마음을 주시고, 그 마음에 들어와 살기를 원하신 것이다. 하나님이 새로워진 우리 마음 안에 친히 그분의 말씀인 율법을 기록하시고, 그리하여 하나님은 우리의 하나님이 되시고 우리는 하나님의 자녀가 될 것이다.

마음의 주인이 진정 주님이신가?

우리가 예수님을 믿어 하나님의 백성이 되었다면, 하나님이 우리 마음을 만져주신 것이다. 그리고 우리 마음에 하나님의 말씀을 기록하시고 그분의 영을 허락하셔서 우리와 함께 영원히 거하시도록 은혜를 허락하신 것이다.

그렇다면 우리도 우리 자신을, 좀 더 정확히 말하면 우리의 마음을 살펴봐야 한다. 우리는 입술로는 예수를 주로 시인하고, 교회에서 세례도 받고, 직분도 받고, 예배도 열심히 드리며 나름의 신앙생활을 하고 있지만, 진짜 중요한 것은 우리 마음이기 때문이다.

머리로는 예수님을 삶의 주(主)로 모셨을지라도, 우리 마음속에서도 정말 예수님이 주가 되셨는지, 우리 마음속의 근원, 내 삶의 중심에 예수 그리스도가 진짜 주가 되고 왕이 되셨는지를 봐야 한다는 것이다. 마음이 주님께 드려지지 않았으면, 우리가 아무리 신앙고백을 하고 신앙생활을 한다 할지라도 하나님 앞에서 온전한 크리스천이 될 수 없다.

예수 믿기 전과 후의 모습을 심플하게 아주 잘 표현한 그림이 있다. 내 마음의 왕좌에 누가 앉아 있는지를 표현한 그림이다.

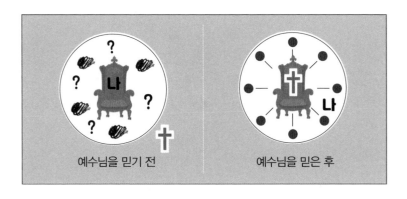

예수님을 믿기 전에는 내 삶의 왕좌에 내가 앉아 있었다. 내 생각대로, 내 욕망을 위해 살았다. 우리는 주님의 손에 의해 지음 받았고 주님을 위해 창조되었지만, 주님은 내 삶 밖에 계셨다. 모든 일을 내가 주관하고 있었다. 내가 주인이 되어 주관하려니까 내 삶은 자주 좌절과 혼돈에 빠진다. 내 삶을 둘러싼 일들이 정돈되지 않고 제멋대로 흩어져 있다.

그렇다면 예수님을 믿는다는 것은 무엇인가? 내 삶의 왕좌에 그리스도께서 앉으시는 것이다. 예수님이 왕좌에 앉으시고, 나는 왕좌에서 내려와 그 아래에 있는 것이다. 예수님이 내 삶을 주관하시니까 나의 삶이 하나님의 뜻과 일치를 이룬다. 그러니 삶에 혼란이 없다. 성공과 실패, 기쁨과 슬픔 가운데서도 모든 것을 주님께 맡겼기 때문에 모든 것을 합력하여 선을 이루시는 하나님이 허락하신 풍성한 삶을 살기 시작하는 것이다.

세상적인 크리스천

그런데 예수님을 믿기 전과 후, 두 삶을 나타낸 그림 사이에 한 가지 그림이 더 있다. 이 그림 역시 예수님을 믿고 영접한 후의 삶을 나타낸 것이다. 내 삶에 예수님이 들어와 계시지만, 차이가 있다면 왕좌에는 여전히 내가 앉아 있다. 예수님은 내가 앉은 의자 아래에 계신다.

그러니까 예수님을 믿고, 영접도 했고, 예배도 드리고, 나름 열심히 신앙생활을 하고 있지만, 내 마음을 들여다보니 예수님이 내 마음의 주인은 아니신 것이다. 그렇기 때문에 그 인생은 여전히 혼란스럽고 좌절에 빠져 있다. 내가 왕좌에 앉아 있기 때문이다.

이런 크리스천을 '세상적인 크리스천'이라고 할 수 있다. 예수님을 영접했고, 예수님이 우리 삶의 주인이라고 고백하며 신앙생활을 하고 있지만, 여전히 마음을 주관하고 있는 왕좌의 주인은 '나'인 사람이다.

우리도 얼마든지 그렇게 될 수 있다. 그런 삶은 하나님이 계획하신 믿음으로 사는 삶이 아니다. 우리는 이 그림에 비추어 우리 마음을 살펴봐야 한다.

예수님을 믿고 구원받은 자들이지만, 과연 예수님이 내 마음의 주가 되시는가? 내 마음은 나의 근원, 나의 중심, 나의 근본을 말한다. 우리가 신앙적으로는 예수님을 주로 영접했고, 신앙고백으로는 예수님을 주로 고백하며 구원받은 사람이 되었다 할지라도, 우리의 진정한 변화, 즉 그리스도의 형상으로 새롭게 되는 변화는 오직 주님이 내 마음의 주인이 되셔야 이루어진다. 에스겔 선지자와 예레미야 선지자의 시대에도 그랬고, 초대교회에도 그랬으며, 오늘날에도 진정한 문제는 마음이다. 그리고 이 문제는 이 질문을 확인할 수 있다.

"당신 마음의 주인은 진정 주님이 되십니까?"

당신은 누구에게 순종하는가?

로마서 6장 16절에 이런 말씀이 있다.

너희 자신을 종으로 내주어 누구에게 순종하든지 그 순종함을 받는 자의 종

이 되는 줄을 너희가 알지 못하느냐 혹은 죄의 종으로 사망에 이르고 혹은

순종의 종으로 의에 이르느니라 롬 6:16

이 말씀은 로마교회 성도들에게 사도 바울이 편지한 내용이다. 즉, 크리스천에게 주신 말씀이다. 크리스천들에게 예수님을 제대로 믿는 것이 무엇인지를 설명해주는 말씀 중의 하나인데, '너는 누구에게 순종하는가? 순종하는 그 자의 종이 되는 것'이라는 말씀이다. 다시 말해서, 내가 순종하는 그 자가 나의 주인이라는 것이다.

그러니까 만일 우리가 세상의 기준과 세상의 정욕을 따라 산다면, 우리는 여전히 세상의 종인 것이다. 만일 나의 욕구와 욕망을 따라 산다면, 나는 여전히 나의 욕구와 욕망의 종이다. 그러나 우리가 주님의 말씀을 받아서 주님의 뜻대로 산다면, 우리는 주님의 종이다. 누구에게 순종하느냐가 우리 삶을 주관하는 주인을 결정한다.

당신은 누구에게 순종하는가? 그게 당신의 삶을 주관하는 주인이고, 당신은 그의 종이다. 예수님을 믿는다고 하지만, 지금 우리가 따르고 있는 것은 무엇인가? 세상의 기준인가? 나의 욕구와 욕망인가? 아니면 하나님인가? 이것에 따라 모든 것이 변한다는 것이다.

우리의 삶을 끌고 가는 요소가 무엇인지는, 로마서를 계속해서 보면 더 명확하게 알 수 있다.

육신을 따르는 자는 육신의 일을, 영을 따르는 자는 영의 일을 생각하나니
육신의 생각은 사망이요 영의 생각은 생명과 평안이니라 롬 8:5,6

여기서 '생각'이란 단어의 원어는 '프로네마'인데, 이 단어는 '마음'
으로도 번역할 수 있다. 영어성경에는 'mind'(마음)로 번역되어 있다.
그러니까 '마음에 품은 생각'이란 것인데, 우리는 마음에 품은 생각대
로 따라가게 되어 있다는 것이다. 그래서 마음에 품은 생각이 육신의
것이면 육신을 따라 사는 것이고, 마음에 품은 생각이 성령의 것이면
영을 따라 산다는 것이다. 마음에 품은 생각이 우리의 삶을 주도한
다. 결국 마음이 관건이다.
계속해서 7,8절을 보자.

육신의 생각은 하나님과 원수가 되나니 이는 하나님의 법에 굴복하지 아니
할 뿐 아니라 할 수도 없음이라 육신에 있는 자들은 하나님을 기쁘시게 할
수 없느니라 롬 8:7,8

마음에 육신의 생각을 품은 자는 하나님과 원수가 될 수밖에 없
다. 왜냐하면 그 마음으로는 하나님께 굴복하지 않을 뿐 아니라 굴
복하고자 해도 할 수 없기 때문이다. 내가 입으로 예수를 고백하고
하나님을 믿는다고 말해도, 마음에 육신의 생각을 품었다면 하나님
을 따를 수 없다.

따라서 육신에 있는 자들은 하나님을 기쁘시게 할 수 없다. 마음에 육신의 생각을 품으면 그것을 따라 살 수밖에 없기에, 하나님을 기쁘시게 하는 하나님의 종이 절대로 될 수 없다는 말이다.

만일 너희 속에 하나님의 영이 거하시면 너희가 육신에 있지 아니하고 영에 있나니 누구든지 그리스도의 영이 없으면 그리스도의 사람이 아니라 롬 8:9

지금까지 우리 마음에 육신의 생각을 품고 있으면 하나님을 절대로 따를 수 없다는 것을 보았는데, 그렇기 때문에 우리 마음에 하나님의 영이 거하시는 것이 중요하다. 우리 안에 하나님의 영이 거하신다면 우리는 육신에 있는 자들이 아니며, 육신의 생각대로 사는 자가 아니라 영의 사람인 것이다.

이 말을 반대로 하면, 누구든지 그리스도의 영이 없으면 진정한 그리스도인이 될 수 없다는 말이다.

무섭고 심각한 말씀이다. 하지만 꼭 필요한 말씀이다. 특히 우리가 주 안에서 변화와 성숙을 이루기 위해서는 반드시 짚고 넘어가야 하는 부분이다. 예수님을 믿은 지 이십 년, 삼십 년이 넘었는데 왜 이렇게 안 바뀌는 것인가? 마음이 변하지 않아서 그렇다. 그리스도의 영이 우리의 마음을 주관하지 않기 때문이다.

우리 마음의 상태, 우리 마음에서 우러나오는 생각과 행동이 관건이다. 우리는 우리 마음에 따라 세상의 종이 될 수도 있으며, 자신의 욕구의 종이 될 수도 있고, 아니면 하나님의 종이 되어 살 수도 있다. 그러니 이제 우리 마음을 같이 돌아보자. 내 마음의 주인이 과연 주님이신지, 아니면 나 자신인지를 돌아보자.

마음을 살피는 판단 기준

내 삶의 주인이 주님이시지만 아직 내 마음의 주인은 주님이 아닐 수도 있다면, 우리는 이것을 무슨 기준으로 판단하고 살펴볼 수 있을까?

여전히 자기가 주인 된 사람의 두 가지 특징이 있다. 그것은 바로 '자기애'와 '자기의'다. 이 두 가지가 나를 이끄는 에너지가 된다면, 아직도 내 인생의 왕좌에 내가 앉아 있는 것이다.

가인을 생각해보자. 가인은 하나님이 지으신 첫 인류 아담과 하와에게서 태어난 첫째 아들이다. 그런데 어느 날, 가인이 동생 아벨을 죽였다. 그러자 하나님이 찾아오셔서 물으셨다.

"네 아우 아벨이 어디 있느냐?"

그때 가인이 어떻게 대답하는가?

"내가 알지 못하나이다. 내가 내 아우를 지키는 자니이까?"

어떻게 동생을 죽여놓고 이렇게 뻔뻔하게 대답할 수 있는가? 양심이 조금이라도 있으면, 하나님이 오셔서 동생을 찾으셨을 때 바로 무릎을 꿇었어야 하는 것 아닌가? 납작 엎드려야 할 상황에 뻔뻔하게

"내가 내 아우를 지키는 자니이까?"라니. 어떻게 이런 대답을 할 수 있는가?

이런 뻔뻔함은 바로 가인의 '자기의'에서 나온다. 자기 생각으로는 동생을 죽일 만한 충분한 명분이 있었던 것이다. 그렇지 않았다면 이렇게 대답하지 못했을 것이다. 그는 동생을 죽이고 세상에서 없애버릴 만한 이유가 있었다고 자신의 의를 내세우고 있다.

그때 하나님이 가인에게 하신 말씀을 보라. 하나님은 그에게 형벌을 내리신다.

이르시되 네가 무엇을 하였느냐 네 아우의 핏소리가 땅에서부터 내게 호소하느니라 땅이 그 입을 벌려 네 손에서부터 네 아우의 피를 받았은즉 네가 땅에서 저주를 받으리니 네가 밭을 갈아도 땅이 다시는 그 효력을 네게 주지 아니할 것이요 너는 땅에서 피하며 유리하는 자가 되리라 창 4:10-12

하나님이 내리신 형벌에 대해선 가인이 뭐라고 대답하는가? '네가 아우의 피를 흘려 그 핏소리가 땅에서부터 나에게 호소한다'는 하나님의 말씀이 있었으면 이제라도 땅에 엎드리는 것이 마땅하지 않겠는가? 그러나 가인은 하나님께 호소한다.

가인이 여호와께 아뢰되 내 죄벌이 지기가 너무 무거우니이다 주께서 오늘 이 지면에서 나를 쫓아내시온즉 내가 주의 낯을 뵈옵지 못하리니 내가 땅에

서 피하며 유리하는 자가 될지라 무릇 나를 만나는 자마다 나를 죽이겠나이
다 창 4:13,14

사람은 하나님의 형상으로 지어졌다. 그래서 사람을 죽이는 것은
하나님의 형상을 공격하는 것이다. 그렇기에 살인이란 죄가 끔찍한
것이다. 이 엄청난 죄를 범한 가인에게 하나님이 이 정도 말씀하셨으
면 더 이상 토를 달 것이 없을 것 같은데, 가인은 '이건 너무한 것 아
닌가요? 전 어떻게 살라는 거예요?'라며 여전히 자신을 보호하고 자
기를 위하는 마음으로만 가득하다. 하나님 앞에 떨 수도, 엎드릴
수도 없는 것은 가인이 자기 사랑, 즉 '자기애'로 가득 차 있었기 때
문이다.

이렇게 인류의 첫 가정에서 일어난 끔찍한 살인 사건에서 볼 수 있
는 것은, 부패한 마음의 두 가지 특징, 곧 자기애와 자기의다. 우리의
옛 모습이 바로 이런 모습이다. 자기의와 자기애로 가득 찬 모습 말
이다.

그렇기에 내가 자기의와 자기애에 얼마나 사로잡혀 있는가를 보
면 내 마음의 주인이 누군인가를 제대로 볼 수 있다. 나 자신을 돌아
봐도, 내가 언제 가장 불안하고 하나님의 평화를 잃게 되는가 하니,
내 안에서 자기의와 자기애가 살아서 날뛸 때다. 그럴 때 하나님의
평강을 잃게 되고, 주님이 주시는 확신과 견고함을 놓치게 된다.

그러니 지금 자신의 마음을 들여다보고 자기의와 자기애가 나를

얼마나 사로잡고 있는지 살펴서, 여전히 나 자신이 마음의 왕좌를 차지하고 있다면 빨리 그 자리에서 내려와야 한다. 주님께 그 자리를 내어드려야 한다. 하나님의 약속을 붙잡고, 하나님께 돌같이 굳은 마음을 제하여주시고 부드러운 마음을 달라고 간구하며 하나님 앞으로 나아가야 한다.

마음의 변화를 이루라

코로나19 팬데믹을 지나면서 우리가 보지 않았는가? 그동안 교회가 세상에 영향력을 끼치며 사는 줄 알았는데, 막상 팬데믹이 터지니 세상을 향한 영향력이 전혀 없었다. 임팩트를 잃어버렸다. 왜 이렇게 되었는가? 변화가 없었기 때문이다. 겉으로는 부흥하고 규모도 커졌지만, 우리 삶에 변화가 없으니까 결국 영향력을 잃어버린 교회가 되고 말았다.

그래서 우리가 반드시 회복해야 하는 것이 변화다. 영성은 변화이다. 변화가 있어야 한다. 내면이 변화되어야 임팩트를 줄 수 있다. 그러려면 우리 마음을 깊이 살펴볼 수 있어야 한다.

이제 어떤 영역에서 어떤 변화를 이루어야 하는지 구체적으로 하나하나 살펴보게 될 텐데, 그 과정 가운데 우리 마음이 진정으로 주님께 드려진 마음인가를 돌아보게 될 것이다.

성경은 무엇보다도 "네 마음을 지키라"(잠 4:23)라고 말씀한다. 우리의 모든 행동과 생각과 언어의 근원은 마음에서 비롯되기 때문이다. 구체적으로 내 마음의 주인이 누구인지를 돌아보자. 예수님을 진정으로 믿는다는 것은, 그분을 내 마음의 주로 모신다는 의미다. 우리 모두 우리 마음의 주인을 주님으로 삼고 주님과 동행할 수 있기를 바란다. 그래서 주님이 주시고자 하는 하늘의 풍성한 삶을 누리는 우리가 되기를 바란다.

골로새서 3장 5-8절

5 그러므로 땅에 있는 지체를 죽이라 곧 음란과 부정과 사욕과 악한 정욕과 탐심이니 탐심은 우상 숭배니라 6 이것들로 말미암아 하나님의 진노가 임하느니라 7 너희도 전에 그 가운데 살 때에는 그 가운데서 행하였으나 8 이제는 너희가 이 모든 것을 벗어 버리라 곧 분함과 노여움과 악의와 비방과 너희 입의 부끄러운 말이라

이사야 14장 12-15절

12 너 아침의 아들 계명성이여 어찌 그리 하늘에서 떨어졌으며 너 열국을 엎은 자여 어찌 그리 땅에 찍혔는고 13 네가 네 마음에 이르기를 내가 하늘에 올라 하나님의 뭇 별 위에 내 자리를 높이리라 내가 북극 집회의 산 위에 앉으리라 14 가장 높은 구름에 올라가 지극히 높은 이와 같아지리라 하는도다 15 그러나 이제 네가 스올 곧 구덩이 맨 밑에 떨어짐을 당하리로다

chapter 02

높아지려다가 고꾸라지는, 교만

벗어버리고, 새로 입으라

앞에서 살펴봤듯이, 진정한 변화란 우리 마음의 변화가 있을 때 이뤄진다. 우리가 아무리 신앙인의 옷을 입고 종교인의 모양을 갖춘다해도 마음이 변하지 않으면 결코 변한 것이 아니다. 골로새서 3장은 마음의 변화가 얼마나 중요한지를 잘 설명해준다.

> 그러므로 땅에 있는 지체를 죽이라 곧 음란과 부정과 사욕과 악한 정욕과 탐심이니 탐심은 우상 숭배니라 골 3:5

"땅에 있는 지체를 죽이라"라고 한다. 곧 땅에 속한 모습들을 죽이라는 말씀이다. 왜 이런 말씀을 하느냐면, 우리가 그리스도와 함께 다시 살리심을 받은 자들이 되었기 때문이다.

그러므로 너희가 그리스도와 함께 다시 살리심을 받았으면 위의 것을 찾으라 거기는 그리스도께서 하나님 우편에 앉아 계시느니라 골 3:1

우리가 전에는 땅에 속한 자들이었지만 이제 새로운 존재로 살리심을 받았다. 그러니 이제부터는 위의 것을 찾으라는 말씀이다. 이 말씀을 하신 후에 5절에서 땅에 속한 것들을 죽여야 한다고 말씀하신 것이다. 그러면서 우리가 죽여야 하는 것들의 예로 음란, 부정, 사욕, 악한 정욕, 탐심과 같은 것들을 말씀하셨다.

그런데 8절에 가서는 땅에 속한 것을 죽이라는 말씀을 새로운 이미지로 설명해주신다.

이제는 너희가 이 모든 것을 벗어버리라 곧 분함과 노여움과 악의와 비방과 너희 입의 부끄러운 말이라 골 3:8

이 모든 것을 옷을 벗어버리듯 벗어버리라는 것이다. 그러고 나서 '이러한 옷을 새로 입으라'라는 말씀을 이어서 주신다.

이것은 우리가 하나님 안에서 변화와 성숙을 추구하는 데 있어서 굉장히 중요한 이미지다. 우리에겐 먼저 벗어버려야 할 것이 있고, 그 후에 새로 입어야 할 것이 있다는 것이다. 먼저 땅에 속한 우리의 원래 모습을 벗어버린 후 그리스도의 형상으로 새로운 모습을 입어야 한다.

먼저 옛 모습을 벗어야 한다

한번 생각해보라. 우리가 원래 입었던 세속된 옷을 벗지 않고 그 위에 종교인의 옷, 신앙인의 옷을 입는다면 겉모습은 변한 것 같아도 속에서 나는 냄새는 여전히 옛날 냄새다.

많은 크리스천이 첫 번째 단계인 벗는 과정 없이 그냥 새로 입는 단계로 가려고 한다. 그러니 예수님을 따라 '이런 모습, 이런 성품, 이런 라이프스타일로 살아야 하는구나' 생각하며 곧바로 움직이는 것이다. 그러나 벗어버리는 과정이 없으면, 겉모습은 신앙인으로 변한 것 같은데도, 분명히 새 옷을 입었는데도 안에서 나는 썩은 냄새가 그대로 남아 있다. 그리스도의 향기가 나는 게 아니라 썩은 냄새가 나는 것이다.

우리가 옛 모습을 벗지 않으면 '너희는 그리스도의 향기니 그리스도를 아는 냄새를 나타내게 하려 한다'는 주님의 말씀을 절대로 이루어드릴 수 없다. 마음의 변화가 그래서 중요하다. 우리에게서 그리스도의 향기가 나지 않는다면 그 이유는 여전히 우리 마음의 변화가 일어나지 않았기 때문이다. 속사람이 변하지 않았기 때문에 진정한 변화가 이루어지지 않는 것이다.

앞에서 살펴본 것처럼, 예수님을 영접했다고 하더라도 마음의 왕좌에 여전히 내가 앉아 있고 예수님은 밀려나 계신다면, 그런 모습으로는 속사람의 진정한 변화가 일어날 수 없다.

이제 구체적으로 어떤 부분에서 변화를 일으켜야 하는지 살펴보려고 한다. 구체적으로 살펴보는 과정을 생략한 채 그냥 "변화합시다"라고 추상적인 구호만 외친다면, 마음의 변화는 일어나지 않는다. 진정한 변화를 경험하려면 우리 안에 숨어 있는 '세상에 속한 지체들'을 하나하나 끄집어내야 한다.

그렇게 우리 마음을 살펴서 하나님께 올려드리며 회개함으로 나아가야 한다.

타락한 인류의 근본 모습

가장 먼저 살펴볼 것은 '교만'이다. 교만을 먼저 보려는 이유는, 마귀로 인해 타락한 인류의 제일 근본적인 모습이 교만이기 때문이다. 이사야서 14장 12-15절 말씀을 보자.

> 너 아침의 아들 계명성이여 어찌 그리 하늘에서 떨어졌으며 너 열국을 엎은 자여 어찌 그리 땅에 찍혔는고 네가 네 마음에 이르기를 내가 하늘에 올라 하나님의 뭇 별 위에 내 자리를 높이리라 내가 북극 집회의 산 위에 앉으리라 가장 높은 구름에 올라가 지극히 높은 이와 같아지리라 하는도다 그러나 이제 네가 스올 곧 구덩이 맨 밑에 떨어짐을 당하리로다 사 14:12-15

문맥으로 보자면 이사야서 14장 3절부터는, 하나님께서 그 당시 절대 강국이었던 바벨론의 왕이 하나님의 심판을 받아 완전히 고꾸라지고 스올로 내려가는 모습을 예언적으로 선언하시는 심판의 메시지가 나온다. 그런데 12-15절에서는 사용되는 단어나 전체적인 모습을 볼 때 어느 한 나라의 권세자 이상의 모습을 그리는 것 같다.

이런 이유로, 신학자들 중 일부는 이 구절이 바벨론의 왕을 가리키는 것을 넘어서, 영적 세계의 권세자로 존재하는 사탄을 가리키는 것이라고 주장한다.

설득력 있는 주장이다. "너 아침의 아들 계명성이여 어찌 그리 하늘에서 떨어졌으며 너 열국을 엎은 자여 어찌 그리 땅에 찍혔는고"라는 구절만 봐도, 스스로 굉장히 높아졌던 바벨론의 한 왕에 대해 말씀하는 것을 넘어서, 그 위에서 그들을 지배하는 영의 세력인 권세자를 가리키는 것 같다.

이 말씀이 정말 사탄을 가리키는 것이라면, 사탄은 왜 땅으로 고꾸라졌는가?

교만 때문이다. 교만하여 지극히 높은 자의 자리에 스스로 앉으려고 했기 때문이다. 하나님을 하나님으로 보지 않고 하나님의 자리에 자신이 대신 앉으려고 했기 때문에 하나님이 그를 치셨다. 교만이 사탄의 마음의 근원인 것이다.

이 말씀이 꼭 사탄을 가리키는 것이 아니라 할지라도, 우리는 성경의 다른 부분을 통해서 사탄의 모습이 '교만'임을 분명히 알 수 있다. 예를 들어 디모데전서 3장 6절을 보자.

새로 입교한 자도 말지니 교만하여져서 마귀를 정죄하는 그 정죄에 빠질까 함이요 딤전 3:6

이 말씀은, 교회의 지도자들을 세울 때 새로 입교한 사람들을 세우지 말라고 설명하는 내용인데, 새로 입교한 자들을 세우면 그들이 교만해져서 마귀가 받은 심판, 즉 교만으로 그들도 심판을 받을까 염려되기 때문이라는 것이다.

하나님을 대적하는 자가 마귀다. 사탄은 하나님의 형상으로 만든 인류를 어떻게 해서든 죽이려 하고, 할 수만 있다면 믿는 자들을 넘어뜨리려고 한다. 그는 교만으로 인해 하나님의 심판을 받았으며, 누구보다도 교만한 자다. 그렇다면 오늘날 하나님의 백성들을 넘어뜨리려는 사탄의 전략에 교만이 있지 않겠는가? 사탄의 근본이 교만이기에 우리 역시 교만한 마음을 갖게 하여 하나님을 대적하게 하려는 것이다.

사탄은 교묘하게 교만을 심는다

자, 그러면 질문을 해보자. 크리스천 중에 자기가 교만하다고 생각하는 사람이 있을까? 아마도 다들 '나 정도면 겸손하지'라고 생각할 것이다. 예수님을 안 믿는 세상 사람들 중에도 스스로를 교만하다고 여길 사람이 별로 없을 텐데, 하물며 크리스천들은 오죽할까?

우리가 믿는 예수님은 "근본 하나님의 본체시나 하나님과 동등됨을 취할 것으로 여기지 아니하시고 오히려 자기를 비워 종의 형체를 가지사"(빌 2:6,7) 십자가에 죽기까지 자기를 낮추신 분인데, 그런 주님을 믿는 우리이기에 최대한 교만을 멀리하려 하며, 또 교만과 거리가 멀다고 생각한다.

그런데 사탄은 교묘한 자요 속이는 자다. 그는 빛으로 위장하여 사람들을 유혹한다. 우리 안에 교만한 마음을 심어서 어떻게든 끌어내리려는 사탄은, 교만의 모습이 아닌 위장된 모습으로 다가온다. 그 때문에 우리도 모르는 사이에 우리 안에 교만이 자리 잡게 되는 것이다.

과연 어떤 교묘한 모습으로 우리 안에 교만이 자리잡고 있는지 살펴보자. 이걸 알아야 하나님 앞에 회개하며 나아갈 수 있다. 자신과 상관없는 말씀이라고 여기면 동의는 하지만, 기도는 안 할 것이다. 다른 사람의 문제가 아니라 바로 내 문제란 것을 깨달아야, 하나님 앞에 매달리고 회개하며 나아가게 된다. 그럴 때 변화가 일어난다. 그렇다면 우리 안에 여전히 살아 있는 교만은 어떤 모습으로 드러나는가? 세 가지로 살펴보자.

은혜를 잊는 것이 교만

첫째, 모든 것이 은혜였음을 잊고 사는 모습이 우리 안에 여전히 남아 있는 교만의 모습이다.

신명기 8장은, 이스라엘 백성이 사십 년의 광야 생활을 마치고 약속의 땅, 젖과 꿀이 흐르는 가나안에 들어가기 직전에 주신 말씀이다. 여기서 하나님은 왜 사십 년 동안 이스라엘 백성으로 하여금 광야를 걷게 하셨고, 아침마다 만나를 내려주셨는지를 이렇게 설명하신다.

네 하나님 여호와께서 이 사십 년 동안에 네게 광야 길을 걷게 하신 것을 기억하라 이는 너를 낮추시며 너를 시험하사 네 마음이 어떠한지 그 명령을 지키는지 지키지 않는지 알려 하심이라 너를 낮추시며 너를 주리게 하시며 또 너도 알지 못하며 네 조상들도 알지 못하던 만나를 네게 먹이신 것은 사람이 떡으로만 사는 것이 아니요 여호와의 입에서 나오는 모든 말씀으로 사는 줄을 네가 알게 하려 하심이니라 신 8:2,3

이스라엘은 구원받은 백성이었다. 하나님께서 강한 팔로 구원하신 백성이었다. 은혜를 아는 자들이었다. 그런데도 그들 역시 쉽게 교만해질 수 있다는 것을 아시고, 그들을 낮추시기 위해 광야 생활을 하게 하셨다는 것이다.

이스라엘의 입장에서 생각해보면, 자신들이 세상의 수많은 민족 가운데서 하나님이 선택하셔서 제사장 나라로, 거룩한 백성으로 삼으신 민족이란 것이 얼마나 자부심 넘치는 일이었겠는가? 이 자부심은 교만이 될 여지가 충분했다. 게다가 당시 절대 강국이었던 애굽을 완전히 압도하며 이스라엘을 구해내셨으니, '우린 이런 민족이야' 하며 교만해질 위험이 얼마나 컸겠는가? 하나님은 그것을 보시고 그들을 철저히 낮추시기 위해 사십 년 동안 광야 생활을 하게 하셨다.

그리고 같은 이유로 아침마다 만나를 주신 것이다. 하나님은 광야 생활을 하는 동안, 아침마다 이슬을 내려주듯이 하늘의 양식을 내려주셔서 굶어 죽지 않게 하셨는데, 그 양식이 '만나'다. 하나님이 만나를 주신 것은 사람이 떡으로만 사는 것이 아니라 하나님의 입에서 나오는 말씀으로 산다는 것을 가르쳐주시기 위함이었다.

이스라엘 백성은 살기 위해 하루하루 하늘을 바라보았다.

'오늘도 하나님이 우리에게 만나를 내려주시지 않으면 우리는 살 수 없습니다.'

이렇게 하루하루 하나님의 양식으로 살았던 것처럼, 매일 하나님이 허락하시는 영의 양식 곧 말씀을 찾아 먹게 하려고 그들의 마음을 낮추기 위해 만나를 주신 것이다.

이스라엘 백성이 하루하루 하나님을 의존하며 살았듯이, 우리도 매일매일 하나님의 입에서 나오는 말씀에 의존해서 살아야 한다. 그렇지 않으면 하나님의 백성은 결단코 살 수 없다.

그러면서 계속해서 이렇게 말씀하신다.

내가 오늘 네게 명하는 여호와의 명령과 법도와 규례를 지키지 아니하고 네 하나님 여호와를 잊어버리지 않도록 삼갈지어다 네가 먹어서 배부르고 아름다운 집을 짓고 거주하게 되며 또 네 소와 양이 번성하며 네 은금이 증식되며 네 소유가 다 풍부하게 될 때에 네 마음이 교만하여 네 하나님 여호와를 잊어버릴까 염려하노라 신 8:11-14

사십 년 동안 이스라엘 백성에게 광야 생활을 하게 하시고, 만나를 통해 매일매일 하나님이 주시는 양식을 의지해야 한다는 것을 철저하게 가르쳐주신 하나님의 마음이 너무나 잘 담겨 있지 않은가? 이제 곧 약속의 땅 가나안에 들어가서 먹을 것이 풍부해지고 은금이 모여 편안하게 살게 될 때, 마음이 교만해져서 하나님 여호와를 잊을까 봐 염려된다는 말씀이다.

하나님의 전적인 은혜로 살게 되었고, 광야를 지나면서도 매 순간 하늘의 은혜를 받아 살았던 자들이었는데, 그 은혜를 잊게 된다면, 그것은 바로 교만 때문이다. 하나님의 백성들은 바로 이런 점에서 교만해질 수 있다.

우리는 어떤가? 우리의 모든 것이 하나님의 은혜였음을 믿는가? '이건 내가 열심히 노력해서 이뤄낸 거야'라고 생각할 때가 얼마나 많은가?

지금 우리나라가 OECD 국가 중 하나로 선진국의 반열에 올라서고, 문화 경제 스포츠 강국으로 세계에 알려진 것은 우리 민족성이 뛰어나서가 아니다. 전적으로 하나님의 은혜로 인한 것이다. 하나님이 붙잡아주시고 은혜를 주셔야 나라도 살고 우리도 사는 것이다.

우크라이나를 보라. 전쟁이 한번 터지니 금세 나라가 쑥대밭이 되었다. 하나님이 지켜주셔야 한다. 내 심장이 뛰고 있고 내가 살아 있다는 것, 오늘 먹을 것이 있고 예배드릴 수 있고 하나님을 찬양할 수 있는 것이 다 하나님의 은혜다.

그런데 우리는 자주 이것을 잊고 산다. 교만하기 때문이다. 하나님이 주시는 은혜가 이렇게 많은데 그 은혜를 다 잊는 것이다. 하나님의 은혜를 잊는 것이 교만이다. 믿는 자들의 마음 안에도 이런 교만이 너무나 깊게 심겨 있고, 여전히 살아 있다. 이것을 살펴서 벗어버려야 한다.

사람들의 인정을 찾아 나서는 것이 교만

둘째, 사람들의 인정을 찾아 나서는 것이 우리 안에 여전히 남아 있는 교만의 모습이다.

사울 왕을 기억하는가? 그는 이스라엘의 첫 번째 왕이었는데, 원래는 겸손한 자였다. 하나님이 사울에게 기름 부어 그를 이스라엘의 첫 번째 왕으로 세우려고 하셨을 때, 그가 어떻게 반응했는가? '저 같은 사람이 왕이라니, 말도 안 됩니다' 하고 도망쳐서 숨었다. 자신을 철저하게 낮추는 사람이었다.

그런 그가 나중에 어떻게 되었는가? 타락하여 겸손한 모습이 없어지고 교만해졌다. 처음엔 자기가 어떻게 왕이 되느냐며 도망 다녔던 그가, 나중에는 하나님이 그를 버리시고 다윗에게 기름 부어 새로운 왕으로 세웠다고 하니까 다윗을 죽이려고 미친 사람처럼 추격한다. 완전히 변질된 것이다. "권력은 사람을 타락시키고, 완전한 권력은 사람을 완전히 타락시킨다"라는 말이 있는데, 그는 완전히 타락하고 말았다.

사울은 적어도 처음엔 하나님을 두려워하는 자였다. 그런데 어떻게 그렇게 타락하고 교만해질 수 있었을까? 우리는 완전히 변질되기 전에 교만의 징후를 볼 수 있어야 한다. 겉으로 보기엔 건강한 것 같지만, 건강 검진을 하면 숨어 있던 문제가 드러난다. 그러고 나서야 신경 쓰지 않았던 사소한 증상들이 문제를 드러내는 사인이었음을 깨닫게 된다. 우리도 깨달아야 한다. 나는 그동안 교만하지 않았던 것 같은데, 잘 보면 증상이 있다. 그 증상은 바로 사람들에게 인정받으려고 안절부절못하는 것이다.

사울이 교만으로 타락했음을 잘 보여주는 에피소드가 있다. 사무엘상 15장에 보면 하나님은 사울에게 분명한 말씀을 주셨다. 하나님과 하나님의 백성을 대적하는 아말렉을 이제 하나님이 심판하시겠다는 것이다.

하나님은 그 심판의 도구로 사울과 이스라엘 군대를 일으키셨고, 아말렉의 모든 사람과 가축을 진멸하라고 명령하셨다. 그런데 사울은 그들을 진멸하지 않았다. 아말렉의 왕을 살려주었고, 좋은 가축을 남겨두었다. 이것을 보시고 너무나 마음이 아프셨던 하나님은 사무엘 선지자에게 '내가 사울을 왕으로 세운 것을 후회한다'고 말씀하셨다. 이 말씀을 들은 사무엘은 밤을 새워 부르짖으며 기도했고, 그 다음 날 사울을 찾아가서 묻는다.

"어찌하여 여호와의 목소리를 청종하지 아니하고 여호와께서 악하게 여기시는 일을 행하였습니까?"

그때 사울이 이렇게 대답했다.

사울이 사무엘에게 이르되 나는 실로 여호와의 목소리를 청종하여 여호와께서 보내신 길로 가서 아말렉 왕 아각을 끌어왔고 아말렉 사람들을 진멸하였으나 다만 백성이 그 마땅히 멸할 것 중에서 가장 좋은 것으로 길갈에서 당신의 하나님 여호와께 제사하려고 양과 소를 끌어 왔나이다 하는지라

삼상 15:20,21

사울이 그렇게 행한 것은 하나님의 명령을 몰라서가 아니었다.

'나도 하나님이 말씀하신 건 압니다. 그리고 그 말씀에 따랐습니다. 그런데 백성이 양과 소 중에 좋은 것은 남겨두어 여호와께 제사를 지내자고 호소했습니다. 그래서 이렇게 했습니다.'

사울도 하나님의 명령을 알았고 하나님의 뜻도 알았다. 그런데 사람들의 말을 듣는 데 더 무게를 둔 것이다. 사람들에게 인정받기를 더 구했다는 것이다.

이런 모습이 사무엘상 15장 뒷부분에서 더 명확하게 나타난다. 사무엘이 사울의 모습을 보고 실망하여 그 자리를 떠나려고 할 때 사울이 어떻게 반응했는지 보라.

사무엘이 가려고 돌아설 때에 사울이 그의 겉옷자락을 붙잡으매 찢어진지라 사무엘이 그에게 이르되 여호와께서 오늘 이스라엘 나라를 왕에게서 떼어 왕보다 나은 왕의 이웃에게 주셨나이다 이스라엘의 지존자는 거짓이나 변개함이 없으시니 그는 사람이 아니시므로 결코 변개하지 않으심이니이다 하니 사울이 이르되 내가 범죄하였을지라도 이제 청하옵나니 내 백성의 장로들 앞과 이스라엘 앞에서 나를 높이사 나와 함께 돌아가서 내가 당신의 하나님 여호와께 경배하게 하소서 하더라 삼상 15:27-30

지금 사울이 정신적으로, 영적으로 얼마나 타락했는지 보이는가? 사울은 자신을 질책하는 사무엘의 말을 듣고 인정은 한다. 그러나 그러고 나서 뭐라고 하는가?

'제가 죄를 범했습니다. 제가 진짜 죄인입니다. 맞습니다. 그런데 간청합니다. 내 백성과 장로들과 이스라엘 앞에서 당신이 나와 함께 가셔야 내가 높아질 수 있습니다.'

자신이 죄지은 건 알겠지만 백성들 앞에서 높아지고 망신당하지 않도록 자신과 함께 가달라고 사무엘에게 청하고 있다. 지금 하나님 앞에 무릎 꿇고 회개해도 모자랄 판에 '그건 둘째치고 사람들 앞에서 내 체면 좀 세워주세요'라고 하다니, 사무엘은 영적으로 완전히 망가졌다. 이것이 교만의 모습이다. 교만의 모습이 이런 증상으로 나타난다.

이제 우리 자신에게로 눈을 돌려보자. 산상수훈에서 하신 예수님의 말씀처럼 누구에게 보여주려고 신앙생활하고 있는가? 누구에게 보여주려고 선행하는가? 사람들에게 인정받는 것에 너무 예민해지지는 않았는가? 사람들에게 인정받지 못하면 시험에 들지는 않는가? 이런 것이 다 교만의 뿌리에서 나오는 모습이다.

크리스천이라면 교만과 거리가 멀다고 생각하기 쉽겠지만, 교묘한 마귀는 우리 안에 교만의 씨를 뿌린다. 그러면 자신도 모르는 사이에 교만의 모습들이 나타나게 된다. 다른 사람을 볼 필요가 없다. 나 자신의 모습을 보면, 내게도 이런 모습들이 있다. 이런 우리의 모습이 교만 때문임을 깨달아야 한다. 우리 안에 여전히 교만이 남아 있다는 걸 알아야 한다. 그리고 하나님 앞으로 회개하며 나아가야 한다.

공동체의 중요성을 무시하는 것이 교만

셋째, 공동체의 중요성을 인정하지 않는 모습이 우리 안에 여전히 자리잡고 있는 교만의 모습이다.

교만이 여전히 남아 있는 사람은 공동체의 중요성을 인정하지 않는다. 다시 말해 '공동체 없어도 나는 충분히 신앙생활 제대로 할 수 있어'라고 생각하는 것이다. 이런 생각 자체가 우리 안에 남아 있는 교만의 모습이다.

성경은 하나님은 믿는 자들을 가리켜 예수님의 몸의 지체라고 말한다. 지체는 몸을 떠나서는 아무런 의미가 없다. 손가락이 몸을 떠나 떨어져 있다면 무슨 소용이 있는가? 몸을 떠나서는 존재할 수도 없다. 즉, 제대로 된 믿음을 유지하는 것은 공동체를 떠나선 할 수 없다는 것이다. 그럼에도 '아냐, 난 할 수 있어. 나는 공동체 없이도 충분히 신앙생활 할 수 있어'라고 생각하는 것이 교만이다.

최근에 읽은 책 중에 마음에 남은 내용이 있다. 독일인 저자가 쓴 책으로, 저자가 현악기를 만드는 사람이다. 좋은 악기를 만들기 위해선 좋은 나무를 찾는 게 가장 중요한 첫 번째 과제인데, 나무를 딱 부딪혀보면 잘 울리는 '노래하는 나무'(singing tree)가 있는가 하면, 소리가 그냥 죽어버리는 나무가 있다고 한다. 그러면서 그 내용을 신앙과 연관 지어 설명하는데, 그 내용이 굉장히 인상 깊었다.

아무리 거대한 나무일지라도 씨앗에서 시작한다. 씨앗이 땅에 떨어지면 씨앗에서 싹이 돋는다. 그런데 나무의 씨앗은 싹이 터서 겨우 며칠간 자랄 만큼의 양분만 가지고 있다고 한다. 그 이상은 살 수 없다는 것이다. 그 새싹이 계속 살아남기 위해서는 반드시 해야 하는 게 있는데, 땅에 뿌리를 내리는 것이다.

뿌리를 내린다는 것은 새싹이 자신을 깨뜨리는 것이다. 내 안에 가지고 있는 영양분으로는 일주일도 살아남기 힘들지만, 자신의 껍질을 부수고 나와서 땅속으로 뿌리를 내릴 때, 그 땅에 있는 영양분과 물을 흡수하기 시작하여 살아남게 되는 것이다. 내 힘으로는 살아남을 수 없음을 알고 도움을 청해야 살 수 있는 것이다.

그렇게 새싹이 자라면서 잎이 피기 시작하는데, 잎을 통해서 햇빛을 받게 된다. 잎이 햇빛을 받으면 광합성을 통해 탄수화물을 생성하는데, 이것이 새로운 에너지가 되어 점점 더 자라 나무가 되어간다.

이 과정을 요약하면, 자신을 깨뜨리고 땅속에 뿌리를 잘 내림으로써 토질에 있는 물과 영양소를 흡수하면, 잎이 피어나 햇빛을 받아 광합성을 하고 포도당을 생성하여 새로운 에너지를 공급하면서 계속 자란다는 것이다.

그러니 땅 아래에선 뿌리가 뻗어가며 토지의 영양과 물을 흡수해서 그것을 위로 올려주어 잎이 나오게 하는 것이고, 잎은 하늘에서 햇빛을 받아 광합성을 통해 나무 전체에 새로운 에너지를 공급해주는 것이다. 이렇게 서로가 동시에 할 수 없는 일을 각자가 감당하면서 서로를 살리고, 결국 자신을 포함한 전체를 살리는 것이다. 이것이 바로 창조주 하나님이 허락하신 생명의 원리다.

이것은 자연 세계에서뿐만 아니라 인간 세계에도 그대로 적용된다. 우리 중에 스스로 존재하는 사람이 누가 있는가? 다 부모를 통해 가정 안에서 존재한다. 인간은 홀로 살 수 없는 존재다. 하나님께서는 자연 세계에 보여주신 디자인을 우리 믿음의 공동체에도 그대로 적용하셨다.

그에게서 온몸이 각 마디를 통하여 도움을 받음으로 연결되고 결합되어 각
지체의 분량대로 역사하여 그 몸을 자라게 하며 사랑 안에서 스스로 세우느
니라 엡 4:16

예수님 안에서 온몸이 각 마디를 통해 서로 도움을 주고받음으
로 연결되고 결합되어 각자 자신의 역할을 감당한다. 잎은 잎이 하
는 대로, 뿌리는 뿌리가 하는 대로 맡겨진 사명이 다르고 자라는 환
경도 다르다. 하지만 주어진 자리에서 각 지체의 분량대로 역사함으
로써 온몸이 함께 자라는 것이다. 이것이 믿음의 공동체 안에서 서로
가 예수님의 몸의 지체가 됨을 알고 그 안에서 함께 성장해야 하는
이유다.

사실 공동체 활동을 안 하면 더 편할 수도 있다. 하지만 그렇게 편
하게만 신앙생활하면 과연 우리가 그리스도의 형상으로 변화되고 성
숙해질 수 있는가? 안 된다. 우리 자신을 깨뜨리고 뿌리를 내려야 하
며, 서로 안에서 영적인 영양분인 은혜를 공급받아야 한다. 하나님이
공동체를 통해 주시는 하나님의 빛과 은혜를 받아야만 내가 살고 주
님의 몸 된 공동체가 살 수 있는 것이다.

이것이 하나님의 디자인인데, 공동체의 중요성을 인정하지 않고 홀
로 신앙생활을 충분히 할 수 있다고 여기는 것 자체가 하나님이 보

시기에는 교만인 것이다. 내 안에 그런 모습이 있다면, 내 안에 여전히 교만이 남아 있다는 걸 깨달아야 한다.

우리가 진정 예수님을 왕으로 따르는 그리스도인으로 성숙해지기 위해선 우리 마음에 변화가 일어나야 하는데, 그러려면 마음 깊은 곳을 구체적으로 봐야 한다. 내 안에 여전히 자리 잡고 있는 교만이 어떤 모습으로 나타나는지 살펴보았다. 이제 그 교만의 모습들이 변화되도록 회개하면서 간구해야 한다. 그래야 변화를 시작할 수 있다.

마음의 변화는 하나님만이 주실 수 있다. 회개하고 간구하며 하나님의 일하심을 받아들여야 한다. 하나님이 약속하신 대로 내 안의 돌 같은 마음을 제거하시고 부드러운 마음을 주시도록 마음을 열고 기도하면서 성령이 하시는 일을 받아들이는 믿음이 꼭 필요하다. 그 변화를 위해 기도하여 우리 안의 교만이 깨어지길 바란다.

창세기 3장 1-5절

1 그런데 뱀은 여호와 하나님이 지으신 들짐승 중에 가장 간교하니라 뱀이 여자에게 물어 이르되 하나님이 참으로 너희에게 동산 모든 나무의 열매를 먹지 말라 하시더냐 2 여자가 뱀에게 말하되 동산 나무의 열매를 우리가 먹을 수 있으나 3 동산 중앙에 있는 나무의 열매는 하나님의 말씀에 너희는 먹지도 말고 만지지도 말라 너희가 죽을까 하노라 하셨느니라 4 뱀이 여자에게 이르되 너희가 결코 죽지 아니하리라 5 너희가 그것을 먹는 날에는 너희 눈이 밝아져 하나님과 같이 되어 선악을 알 줄 하나님이 아심이니라

야고보서 1장 14,15절

14 오직 각 사람이 시험을 받는 것은 자기 욕심에 끌려 미혹됨이니 15 욕심이 잉태한즉 죄를 낳고 죄가 장성한즉 사망을 낳느니라

인류가 타락한 원인, 탐심

열 가지 축복이 아닌 한 가지 금지를 향한 욕심

탐심을 다른 말로 하면 욕심이다. 탐심은 타락한 인류의 가장 근본적인 모습이 된다. 본문인 창세기 3장 1-5절을 보면 사탄이 첫 인류인 아담과 하와를 유혹하는 장면이 나온다. 사탄이 첫 인류인 아담과 하와를 무엇으로 무너뜨렸나 봤더니, 탐심이다.

하나님께서는 이 세상에 필요한 모든 것을 다 만드시고, 그 후에 하나님의 형상으로 사람을 만드셨다. 그리고 사람으로 하여금 하나님의 동산을 가꾸고 돌보게 하시면서 사람에게 주신 축복과 지침을 분명히 하셨다.

하나님은 사람에게 동산 안의 모든 것을 누릴 수 있고 모든 실과를 마음껏 먹을 수 있도록 허락해주셨다. 단 한 가지만 빼고 말이다. 그것은 동산에 있는 선악을 알게 하는 나무였다. 하나님은 그 나무의 과실은 먹지 말라고 하셨다. 그러면서 그것을 먹으면 죽게 될 것이라고 경고하셨다. 그러니까 허락해주신 축복이 훨씬 많고 금지한 것은 딱 하나였던 것이다.

그런데 사탄이 어떻게 아담과 하와를 유혹했는가? 하나님이 허락하신 모든 것이 아닌 허락하지 않으신 한 가지에 주목하고 집착하게 만들었다. 하나님이 금하신 한 가지, 선악을 알게 하는 과실을 탐내게 하고 결국 먹게 한 것이다. 인류는 이로 인해 타락했다. 타락의 원인이 '탐심'인 것이다.

모든 것을 받았는데 딱 하나 내가 누리지 못하는 것을 향한 탐심 때문에 완전히 쓰러지게 된 것이 인류의 첫 모습이다. 그렇기 때문에 우리 마음의 진정한 변화를 위해 탐심을 다뤄야 한다. 교만과 마찬가지로 우리 안에 알게 모르게 심겨져 있는 탐심이 우리로 하여금 하나님이 주시는 진정한 은혜로부터 멀어져 곁길로 가게 만들고 있기 때문이다.

시험의 이유

야고보서는 예수님의 아우인 야고보 사도를 통해 주신 말씀인데, 여기서 뭐라고 하는가?

오직 각 사람이 시험을 받는 것은 자기 욕심에 끌려 미혹됨이니 욕심이 잉태한즉 죄를 낳고 죄가 장성한즉 사망을 낳느니라 약 1:14,15

각 사람이 시험을 받는 것은 자기 욕심에 이끌려 미혹되기 때문이라고 한다. 오늘날까지도 우리가 시험받는 것은 이 한 가지 이유 때문이다. 욕심, 즉 탐심에서 모든 시험이 비롯되는 것이다. 그러면서 욕심이 잉태한즉 죄를 낳고 죄가 장성하여 사망을 낳는다고 하신다. 탐심이 우리 안에 잠복된 상태로 방치되면 반드시 죄로 연결되는 것이고, 그 죄는 결국 우리를 사망으로 이끈다는 말씀이다.

나는 이 말씀을 거꾸로 생각해봤다. 우리가 사망을 피하려면, 죄 문제를 다뤄야 하는데, 죄 문제를 다루려면 욕심, 즉 탐심의 문제부터 다뤄야 한다는 것이다. 굉장히 중요한 포인트다. 알게 모르게 우리 마음속에는 지금도 욕심이 끓고 있다. 아니라고 생각할지 모르겠지만 우리 안에는 탐심이 잠복하고 있다. 우리 몸에 내재되어 있던 질병이 건강할 때는 괜찮다가도 면역이 약해지면 나타나는 것처럼, 우리 안에 잠복하고 있는 탐심은 우리가 연약하거나 두렵고 힘들 때 나타나서 우리를 사로잡는다. 그래서 우리는 더더욱 우리 안의 탐심을 면밀히 살펴봐야 한다. 그래야 벗어날 수 있다.

우리는 세속된 세상에 속한 것들을 벗어내야 한다. 주님의 능력과 주님의 은혜로, 이제 주님이 주시는 새로운 옷을 입어야 한다는 것이다. 우리 안의 탐심을 살펴보고 진정한 마음의 변화를 이루기 위해 세 가지 질문을 던져보려고 한다. 이 질문을 통해 탐심이 우리 안에 어떤 모양으로 잠재되어 있는지 살펴보자.

첫 번째 질문, 자족하는 마음이 있는가?

우리 안에 탐심이 들끓고 있을 때 결코 이룰 수 없는 것이 '자족'이다. 그래서 이 질문은 우리 안의 탐심을 진단하는 잣대가 된다. 이 질문에 대답해보라. 당신에게는 자족하는 마음이 있는가?

한국인들은 행복 지수가 굉장히 낮다고 한다. 자족하는 사람들이 많지 않다는 말이다. 만약 이 질문 앞에서 '없다'라는 대답이 나온다면, 그건 내 안에 탐심이 있기 때문이라는 것을 빨리 알아채야 한다. 탐심이 자족의 마음을 없앤다.

그리스 로마 신화에 에리직톤이란 인물이 나온다. 그는 많은 것을 가졌으나 만족할 줄 모르는 자였다. 어느 날 그는 곡물의 신 데메테르가 아끼는 참나무를 이익이 된다는 이유로 함부로 베어버렸다. 분노한 데메테르는 배고픔의 신 리모스를 에리직톤에게 보내 그의 혈관에 배고픔의 숨을 불어넣게 했다. 그 후 에리직톤은 미친듯이 음식을 탐하기 시작했다. 닥치는 대로 먹어 치우지만 만족하지 못해 결국 음식이 다 떨어지고 재산이 동이 났다. 그러자 자신의 착한 딸까지 팔아서 음식을 사 먹었다. 그래도 식탐이 채워지지 않자 마지막엔 자신의 몸뚱어리마저 뜯어먹고 결국 이만 남아서 딱딱거렸다고 한다.

탐심이 얼마나 끔찍한지 모른다. 탐욕이란 이렇게 무섭고 집요하다. 그래서 우리 안에 탐욕이 있지는 않은지 우리 자신을 끊임없이 돌아봐야 한다. 안 그러면 우리는 귀중한 것을 다 놓치게 된다. 탐심 때문에 다 망가뜨리고 만다.

탐심이 있는지 없는지를 알기 위해선 내 안에 자족하는 마음이 있는지를 봐야 한다. 디모데전서 6장에 이런 말씀이 있다.

그러나 자족하는 마음이 있으면 경건은 큰 이익이 되느니라 딤전 6:6

이 말씀을 이해하려면 바로 앞 절과 연결해서 봐야 하는데, 5절에서 사도 바울은 젊은 목회자 디모데에게 이런 경고를 준다.

마음이 부패하여지고 진리를 잃어버려 경건을 이익의 방도로 생각하는 자들의 다툼이 일어나느니라 딤전 6:5

무슨 경고인가? 교회 지도자들 가운데 경건을 이익의 수단으로 쓰는 사람들이 있으니 주의하라는 것이다. 신앙마저도 이익을 위한 수단으로 사용하는 자들이 있다는 것이다. 사도 바울은 그런 사람들을 주의하라는 말씀을 주신 후에 바로 이어서 "자족하는 마음이 있으면 경건은 큰 이익이 되느니라"라는 말씀을 주신 것이다.

경건이 우리에게 얼마나 유익한 것인가? 경건한 신앙을 통해 하나님을 알게 되고 하나님과 동행하게 되니, 그보다 더 큰 유익은 없다. 그런데 하나님이 주시는 은혜에 자족하지 못하고 세상의 것들을 탐하면서 도리어 신앙을 이익의 수단으로 여기는 자들이 있다 보니,

이 말씀을 주시는 것이다. 하나님과 함께하는 것이 가장 큰 축복이기 때문에 경건 자체가 큰 유익이 되는데, 자족하는 마음이 있어야만 그런 경건의 유익이 가능하다는 것이다. 그래서 탐심을 가늠하는 데 자족하는 마음이 열쇠가 되는 것이다.

기준을 하나님께 두라

예수님이 진짜 복이 무엇인지를 말씀해주신 팔 복의 메시지가 있다. 우리가 자주 접하고 묵상하는 팔 복의 메시지는 마태복음 5장에 담긴 메시지인데, 같은 메시지가 누가복음에도 담겨 있다.

예수께서 눈을 들어 제자들을 보시고 이르시되 너희 가난한 자는 복이 있나니 하나님의 나라가 너희 것임이요 지금 주린 자는 복이 있나니 너희가 배부름을 얻을 것임이요 지금 우는 자는 복이 있나니 너희가 웃을 것임이요 인자로 말미암아 사람들이 너희를 미워하며 멀리하고 욕하고 너희 이름을 악하다 하여 버릴 때에는 너희에게 복이 있도다 그날에 기뻐하고 뛰놀라 하늘에서 너희 상이 큼이라 그들의 조상들이 선지자들에게 이와 같이 하였느니라 눅 6:20-23

여기까지는 마태복음과 비슷하다. 그런데 24절부터 26절까지 이어지는 메시지는 마태복음과 약간 다르다. 24-26절에서는 복에 대한 메시지가 화로 이어진다.

> 그러나 화 있을진저 너희 부요한 자여 너희는 너희의 위로를 이미 받았도다 화 있을진저 너희 지금 배부른 자여 너희는 주리리로다 화 있을진저 너희 지금 웃는 자여 너희가 애통하며 울리로다 모든 사람이 너희를 칭찬하면 화가 있도다 그들의 조상들이 거짓 선지자들에게 이와 같이 하였느니라
>
> 눅 6:24-26

복에 대한 메시지가 화에 대한 말씀으로 연결된다는 것이 참 독특하다. 여기서 표현되는 화란, 심판을 뜻하기보다 안타까움을 표하는 주님의 마음 같다. 그렇게 보면 이 말씀의 진짜 의미가 더욱 와닿는다. 주님의 거룩한 탄식같이 느껴진다.

주님이 무엇을 한탄하시는가? 하나님이 우리에게 진정으로 주고자 하시는 복이 있다. 가난한 자에게 천국을 주고자 하시며, 주린 자들에게 배부름을, 우는 자들에게는 위로를 주고자 하신다. 즉, 하나님이 주고자 하시는, 세상과는 완전히 다른 기준의 복이 있는데, 이 기준을 모른 채 세상의 기준만으로 행복해 하고 부요해 하는 모습들을 한탄하시는 것이다. 그런 자들에게는 결국 화가 있을 것이란 말씀이다.

세상의 기준으로 행복을 찾다 보면 언젠가는 그와 같은 기준으로 불행하게 될 날이 올 것이다. 세상의 칭찬 소리에 만족하다 보면, 언

젠가는 세상 소리로 인하여 비판의 대상이 되고 말 것이다. 예수님은 진정한 하나님의 복을 모른 채 세상의 것들로만 채우려는 자들을 안타까워하시며 거룩한 탄식으로 "화 있을진저"라고 말씀하신다. 자족하지 못할 때 이렇게 되는 것이다.

자족하라는 것은 인생을 소극적으로 살라는 말씀이 아니다. 인생을 대강대강 살라는 말씀은 더더욱 아니다. 주님은 달란트 비유를 통해 분명히 주님이 주신 달란트를 가지고 열심히 살아서 열매를 맺으라고 말씀하셨다. 이것이 하나님의 뜻이다.

성경은 우리에게 게으르게 살거나 대강 살라고 말씀하지 않는다. 열심히 살아야 한다. 열심히 공부하고, 열심히 일해야 한다. 우리의 최선을 드려 공부하고 노력하고 힘써 일하는 것은 하나님께 영광이 되는 것이다. 그런데 기준이 어디 있는지가 중요하다.

내가 열심히 일하고 성공해서 내가 배부르고, 부유하고, 편안하다고 행복이 오는가? 아무리 열심히 일해도 나보다 더 잘사는 삶이 있고, 아무리 성공해도 나보다 더 성공하는 자들이 있는데 말이다. 똑같은 기준으로 불행해지는 것이다. 그러니까 열심히 살아야 하는데, 무슨 기준으로 열심히 사는가가 중요한 것이다. 그 기준은 하나님의 나라, 주님의 영광과 그분의 의여야 한다. 기준이 하나님께 있으면 하나님으로 만족한다. 많으면 많은 대로 감사하며 베풀고, 적으면 적은 대로 자족하며 베풀고 살아간다.

있든지 없든지 자족할 수 있게 되는 것이다. 내 기준이 하나님의 영광이면, 하나님의 영광과 그분의 나라와 그분의 의를 구하며 자족할 수 있다. 그러나 기준이 세상에 가 있으면 결단코 만족할 수가 없다. 우리를 끝없이 목마르게 하는 우리 안의 탐심 때문이다. 그러니 이 질문을 우리에게 던져야 한다.

"자족하는 마음이 있는가?"

두 번째 질문, 돌아보는 마음이 있는가?

우리 안에 탐심이 들끓고 있으면 우리는 다른 사람을 돌아볼 수 없다. 정확히 말하면, 돌아볼 마음의 여유가 없다. 나를 채우기도 너무 바쁘기 때문이다. 나를 위해 쌓아두기 바쁘기 때문이다. 아무리 많이 쌓았어도 더 쌓아야 하기 때문에 주위를 돌아보고 이웃을 돌아볼 여유가 없다. 얼마나 모아야 충분할까? 그런 사람에게는 충분함이 없다. 끝도 없이 '조금만 더' 모으면 충분할 것 같다고 생각한다.

어느 날 한 율법사가 예수님께 질문을 했다.

"랍비여, 하나님의 율법 중에 가장 크고 중심되는 율법이 무엇입니까?"

예수님을 넘어뜨리고자 한 질문이었다. 하지만 예수님은 명확하게 대답해주신다.

예수께서 이르시되 네 마음을 다하고 목숨을 다하고 뜻을 다하여 주 너의 하나님을 사랑하라 하셨으니 이것이 크고 첫째 되는 계명이요 둘째도 그와 같으니 네 이웃을 네 자신 같이 사랑하라 하셨으니 이 두 계명이 온 율법과 선지자의 강령이니라 마 22:37-40

예수님은 하나님의 모든 법의 핵심을 마음과 목숨과 뜻을 다하여 하나님을 사랑하라는 첫째 계명과 이웃을 자신같이 사랑하라는 둘째 계명으로 설명해주시면서, 덧붙여 모든 율법이 어디에서 비롯되는 지를 말씀해주셨다. 예수님은 이 두 계명이 온 율법과 선지자의 강령이라고 말씀하신다. '온 율법과 선지자'는 구약성경을 가리키는 것으로, 하나님의 모든 계명과 가르침이 이 두 계명에서 비롯된다고 말씀하신 것이다.

하나님이 우리를 만드셨다. 인간은 아무것도 없는 것에서 갑자기 스스로 우연히 생겨난 존재가 아니다. 하나님은 하나님의 뜻에 따라 우리를 만드셨다. 그래서 우리가 진정 행복하려면 하나님의 뜻을 알고 그 뜻을 따라야 한다. 하나님의 뜻을 모르고 이 세상의 기준으로 살면 절대로 행복할 수 없다. 우리는 하나님이 만드셨기 때문에 하나님으로 채움 받지 않으면 절대로 채워지지 않는다.

하나님이 우리를 만드셨을 때 주신 하나님의 뜻이 무엇이었는가? 하나님을 사랑하고 이웃을 사랑하라는 두 가지 뜻을 주셨다는 것이다. 모든 하나님의 뜻이 이 두 가지 뜻에서 비롯된 것이다. 그래서 우리는 하나님을 믿는 자로서 하나님을 사랑하면서 이웃을 사랑하지 않으면 결단코 행복할 수 없다. 그것은 하나님의 뜻 안에 거하는 것이 아니기 때문이다.

영적인 임계점

우리나라는 OECD 국가 중에 하나다. 객관적으로 우리나라가 잘 사는 나라라는 것이다. 그런데 행복지수를 조사해보면, 항상 거의 꼴찌에 가깝다. 어떻게 된 게, 세상에서는 'K-pop, K-문화, K-푸드'라고 하면서 코리아 열풍이 부는데, 막상 그 안에서 사는 우리는 행복하지 않다. 지금 우리나라는 60,70년대와 비교할 수 없이 잘 먹고, 잘 입으며, 잘살게 되었는데도 행복하지 않다. 오히려 그때보다 더 불행한 것 같다. 왜 그런가?

'임계점'(critical point)이라는 게 있다. 임계점은 물질의 상태가 바뀔 때의 온도와 압력을 말한다. 즉, 액체가 기체로 변하는 최고의 온도와 압력을 가리킨다. 예를 들어, 물은 99도까지는 액체로 남아 있다가 100도가 되는 순간, 기체로 변한다. 이게 임계점이다. 임계점 전까지는 아무런 변화가 없지만 임계점에 이르면 확 바뀌는 것이다.

정신적인 임계점, 혹은 영적인 임계점도 있는 것 같다. 우리가 아무리 많은 것을 누리고 살아도 이 한 점, 임계점을 돌파하지 못하면 다음 차원으로 넘어갈 수 없다. 그 점이 무엇인가 하니, 타인을 돌아보는 것이다. 이 말씀을 따르지 않으면, 즉 이웃을 돌아보지 않으면 아무리 부자라도 부하게 살 수 없다. 돈이 많아도 남을 돌아보지 않는다면 부유하게 사는 게 아니라 쪼잔하게 사는 것이다. 거꾸로 이 계명을 따른다면 아무리 가난해도 부유하게 살 수 있다. 할 수 있는 만큼 돕고 타인의 아픔에 동참하면서 가난하지만 부유하게 살 수 있다는 말이다.

《탈무드》에 이 세상에 올 때는 손을 꽉 쥐고 오고, 세상을 떠날 때는 손을 쫙 펴고 떠난다는 말이 있다. 세상을 떠날 때는 아무것도 가지고 갈 수 없다는 뜻이다. 언젠가는 가진 모든 것을 다 놓고 세상을 떠나게 된다. 영원한 세계에 가지고 갈 수도 없는 것에 집착하며 사는 것이 하나님 보시기에 얼마나 안타까운 일인가. 기왕이면 이 땅에서 살 때 영원한 하나님의 나라와 그분의 의를 위해서, 그리고 "네 이웃을 네 몸과 같이 사랑하라"라고 하신 주님의 뜻을 따라서 다른 사람을 돌아보며 살아야 하지 않겠는가?

예수님은 주기도문에서 "오늘날 일용할 양식을 주시옵고"라고 기도하라고 가르치셨다. 이것은 '매일매일 필요한 것을 아버지께 아뢰라. 그러면 하나님이 주신다'는 뜻이다. 동시에 탐심으로 살지 말라는 뜻도 담겨 있다. '일용할 양식'을 구한다는 것은, 그 이상은 필요 없다는 뜻이다. 사람은 아무리 많이 먹어도 하루에 세 끼, 혹은 네 끼 이상은 못 먹는다. 그 정도의 일용할 양식이면 충분하다는 것이다. 내게 필요한 것을 넘어서 탐심으로 사는 것이 아니라, 매일매일 필요한 만큼만 하나님께 아뢰며 주 안에서 만족하며 살라는 가르침이다. 그렇게 살 때 우리는 남을 돌아볼 수 있다.

> 형제들아 너희가 자유를 위하여 부르심을 입었으나 그러나 그 자유로 육체
> 의 기회를 삼지 말고 오직 사랑으로 서로 종 노릇 하라 갈 5:13

하나님은 그리스도 안에서 우리에게 자유를 주셨다. 육체의 기회
를 삼아 정욕대로 살라고 자유를 주신 것이 아니다. 오직 사랑하라
고 자유를 주신 것이다. 사랑은 억지로 할 수 없다. 자유가 있어야
사랑도 있다. 그래서 자유를 주신 것이다. 우리가 사랑을 베풀며 살
수 있도록 우리에게 자유를 주신 것이기 때문에 우리는 주님 앞에서
'나는 과연 다른 사람을 돌아보며 살아가고 있는가'를 자신에게 질
문해야 한다.

다른 사람을 돌아보며 살지 않으면 행복할 수 없다. 하나님이 우
리를 그렇게 만드시지 않았기 때문이다. 그러니 기도로 돌아봐야 한
다. 할 수 있는 만큼 도우며, 관심을 가져야 한다. 이것이 내 안의 탐
심을 살펴보는 두 번째 기준이다.

세 번째 질문, 감사하는 마음이 있는가?

탐심으로 지배받는 영혼이 할 수 없는 것 중에 하나가 '감사하는
것'이다. 그래서 이 질문은 내 안에 탐심이 있는지를 알기 위한 세 번

째 질문이 된다.

성경은 우리에게 범사에 감사하라고 한다. 범사에 감사하라는 것은 '모든 일'에 감사하라는 것이다. 탐심이 있으면 감사하는 마음이 절대로 안 생긴다. 탐심과 감사가 공존하기는 불가능하다. 탐심이 있으면 아직 채워지지 않은 것을 향한 끝없는 결핍이 있는데, 그런 상태에서 무슨 감사가 나오겠는가. 그래서 우리 안에 감사함이 있는지에 대한 질문으로 우리 자신을 돌아볼 수 있는 것이다.

골로새서 3장은 우리가 변화와 성숙을 향해 나아가는 데 매우 중요한 말씀이다. 우리가 땅에 속한 자들이 아니라 하늘에 속한 자라고 말씀하시며, 우리가 벗어버려야 하는, 땅에 속한 것들이 무엇인지 구체적으로 알려주고 있기 때문이다. 특히 12절부터는 땅의 옷을 벗고 새롭게 옷 입으라고 하시며 우리가 변화되어야 할 모습이 어떤 모습인지 알려준다.

그러므로 너희는 하나님이 택하사 거룩하고 사랑 받는 자처럼 긍휼과 자비와 겸손과 온유와 오래 참음을 옷 입고 누가 누구에게 불만이 있거든 서로 용납하여 피차 용서하되 주께서 너희를 용서하신 것 같이 너희도 그리하고 이 모든 것 위에 사랑을 더하라 이는 온전하게 매는 띠니라 그리스도의 평강이 너희 마음을 주장하게 하라 너희는 평강을 위하여 한 몸으로 부르심을 받았나니 너희는 또한 감사하는 자가 되라 그리스도의 말씀이 너희 속에 풍성히 거하여 모든 지혜로 피차 가르치며 권면하고 시와 찬송과 신령한 노래를 부르며 감사하는 마음으로 하나님을 찬양하고 또 무엇을 하든지 말에나 일에나 다 주 예수의 이름으로 하고 그를 힘입어 하나님 아버지께 감사하라

골 3:12-17

'감사'가 계속 강조되고 있다. 그러니까 우리가 예수님의 형상으로 새로이 옷 입어야 하는 모습이 '감사'인 것이다. 탐심을 벗어버리고 주님 안에서 자족하며 기쁨과 사랑으로 채워진 자들에게 생기는 것이 감사라고 말씀하신다.

골로새서 3장 5절에는 "탐심은 우상 숭배니라"라고 말씀하는데, 그 이유는 우리가 자신이 탐하는 것을 찾아가기 때문이다. 우상이 무엇인가? 하나님의 자리에 서 있는 것이 우상 아닌가? 우리는 하나님을 위하여 하나님께 지음 받았기 때문에, 우리 안에는 하나님만 채우실 수 있는 공허감이 있다. 그래서 하나님을 알고 찾아가기 위해 만들어졌는데, 탐심은 하나님 외에 하나님처럼 찾는 게 있다는 것이다. '난 이거 없으면 못 살아' 하는 식으로 찾는 게 우리의 탐심이다. 그렇기 때문에 탐심은 곧 하나님을 대체하는 우상과도 같은 것이란 말이다.

이 탐심에 반대되는 것이 감사다. 하나님이 나의 분깃이자 나의 영원한 기업이 되시어 내 안이 하나님으로 말미암아 채워졌기 때문에 하나님으로 말미암아 감사할 수 있기 때문이다. 이 말은 탐심을 극복하는 게 감사란 말이기도 하다. 그래서 우리는 계속해서 우리 안

에 감사하는 마음이 있는지 자신을 향해 물어봐야 하고 살펴봐야
한다.

미처 몰랐던 감사

최근에 건강검진을 하면서 한 가지 깨달은 게 있다. 내가 왼쪽 귀
의 청각이 조금 손상되어 고음을 잘 못 듣는다는 것이다. 검사 전에
는 내가 고음을 못 듣는지 몰랐다. 나이가 들면서 청력에 이상이 생
기기 시작한 것이다. 이런 검사 결과를 받고 나서 아쉬움보다는 감
사가 생겼다. '내가 그동안 고음을 들을 수 있었던 게 당연한 게 아
니었구나'라는 걸 깨달았기 때문이다. 그동안 절대로 당연한 게 아
닌 것을 하나님이 허락하신 것에 감사하는 마음이 들었다. 이제 청력
은 점점 더 약해지며 소실될 테고, 곧 귀가 아니라 마음으로 들어야
할 때가 올 것이다. 그러면 그때는 '육신의 귀로 못 듣는 것을 마음의
귀로 듣게 하시니 감사합니다'란 마음이 생기길 기도한다.

성도들에게서도 이런 고백을 종종 듣는다.

'건강할 때는 몰랐는데, 건강을 잃고 보니 건강이 엄청난 하나님의
축복이었네요. 당연한 게 아니었네요. 하나님이 지금껏 저를 건강하
게 해주신 것이 감사합니다.'

살펴보면 우리에게는 감사할 내용이 너무나 많다. 매 순간 숨 쉬
는 것도 감사할 이유다. 그런데 우린 이런 것을 너무나 당연하게 생

각한다. 더 나아가 들끓는 탐심으로 감사할 줄 모르고 더 채우려고만 한다. 이 탐심을 이겨내려면 감사를 발견하고 회복해야 한다.

우리가 세 가지 질문으로 우리 안의 탐심을 살펴보았다. 간혹 '탐심'을 추상적인 것으로 여기며 나와는 상관없다고 생각하곤 한다. 그러나 아니다. 누구도 예외 없이 우리 안에는 호시탐탐 탐심이 들끓려 하고 있다. 이것을 깨닫고 다 끄집어내야 우리가 진정한 변화를 체험할 수 있다.

지금까지 살펴본 세 가지 질문으로 자신을 돌아보기 바란다. 그리고 그 모습 그대로 주님 앞에 내어놓고 내 안에 자족하는 마음과 이웃을 돌아보는 마음과 감사가 있기를 기도하자. 탐심을 내려놓고 예수님 안에서 자족하며 늘 감사하는 모습으로 우리 모두가 변화되기를 바란다.

무엇보다 이 마음을 고쳐주시는 분은 하나님이시다. 그러니 하나님께서 너무나 잡초가 많은 이 마음의 동산을 깨끗하게 해주시길 기도하며 우리의 마음을 드리자. 우리의 마음을 변화시켜달라고, 탐심을 제거해주시길 기도하자.

창세기 4장 1-8절

1 아담이 그의 아내 하와와 동침하매 하와가 임신하여 가인을 낳고 이르되 내가 여호와로 말미암아 득남하였다 하니라 2 그가 또 가인의 아우 아벨을 낳았는데 아벨은 양 치는 자였고 가인은 농사하는 자였더라 3 세월이 지난 후에 가인은 땅의 소산으로 제물을 삼아 여호와께 드렸고 4 아벨은 자기도 양의 첫 새끼와 그 기름으로 드렸더니 여호와께서 아벨과 그의 제물은 받으셨으나 5 가인과 그의 제물은 받지 아니하신지라 가인이 몹시 분하여 안색이 변하니 6 여호와께서 가인에게 이르시되 네가 분하여 함은 어찌 됨이며 안색이 변함은 어찌 됨이냐 7 네가 선을 행하면 어찌 낯을 들지 못하겠느냐 선을 행하지 아니하면 죄가 문에 엎드려 있느니라 죄가 너를 원하나 너는 죄를 다스릴지니라 8 가인이 그의 아우 아벨에게 말하고 그들이 들에 있을 때에 가인이 그의 아우 아벨을 쳐죽이니라

야고보서 1장 20,21절

20 사람이 성내는 것이 하나님의 의를 이루지 못함이라 21 그러므로 모든 더러운 것과 넘치는 악을 내버리고 너희 영혼을 능히 구원할 바 마음에 심어진 말씀을 온유함으로 받으라

chapter 04

하나님의 의를 가려버리는, 분노

분노를 다스리지 못하면 분노가 나를 다스린다

혹시 필요 이상으로 화를 내는 자신의 모습을 본 적이 있는가? 혹은 분노 중에 내뱉은 말이나 행동으로 인해 나중에 후회했던 경우가 많은가? 자신의 분노를 절제하지 못해 사회적인 문제까지 발생했던 경우가 혹시 있었는가?

예를 들어, 상대방과 신체적으로 부딪히며 싸운다거나, 물건이나 가구를 부순다거나, 소송을 당했다거나, 학교나 회사에서 경고를 받는 등의 사회적인 문제가 발생한 적이 있는가? 가족이나 지인이 나에게 분노 문제가 있다는 이야기를 해주며 상담 치료를 받아보라고 제안한 적은 있는가?

이중에 하나 혹은 둘이라도 '그런 적이 있다'라고 대답한다면, 당신이 분노의 문제를 제대로 다루지 못하고 있다는 신호다.

화를 내는 것은 인간의 아주 정상적이고 자연스러운 모습이지만,

화를 어떻게 다루느냐에 따라 그것이 문제가 되고 안 되고의 큰 차이가 벌어진다. 화가 나를 지배하느냐, 내가 그것을 지배하느냐로 갈리기 때문이다. 이번 장에서는 '분노'에 대해 다뤄보려고 한다.

> 여호와께서 가인에게 이르시되 네가 분하여 함은 어찌 됨이며 안색이 변함은 어찌 됨이냐 네가 선을 행하면 어찌 낯을 들지 못하겠느냐 선을 행하지 아니하면 죄가 문에 엎드려 있느니라 죄가 너를 원하나 너는 죄를 다스릴지니라 창 4:6,7

가인은 하나님이 창조하신 첫 인류인 아담과 하와에게서 태어난 장남이다. 그런데 그에게는 치명적인 문제가 있었다. 그는 마음속에 차 있는 분노를 제대로 다루지 못했다. 어느 날 하나님이 찾아오셔서 그에게 경고하셨다.

'네 안에 죄가 있다. 문 앞에 엎드려 있다가 문을 통해 사람이 나오면 그냥 덮치려고 하는 야생동물과 같은 죄다. 이 문제를 다스려야 한다. 그렇지 않으면 그 죄가 너를 다스릴 것이다.'

이런 경고에도 불구하고 가인은 이 죄를 다스리지 못해서 나중에 그의 아우 아벨을 살인하게 되는 엄청난 일을 벌이고 만다. 이것이 인류의 첫 가정에 생겼던 문제다.

이렇게 인류의 첫 가정에서부터 드러난 심각한 문제가 분노에서 비롯된 문제라면, 오늘 우리 또한 우리 자신을 돌아보아 우리 안의 분노의 문제를 하나님 앞에 올려드리고 도움을 구해야 할 것이다. 인류의 첫 가정에 생긴 이 문제는 그 후손들인 우리에게도 분명히 내재되어 있다. 그러니, 이 문제를 다스리지 못하면 이 문제가 너를 다스릴 것이라는 하나님의 경고의 말씀에 우리 역시 귀 기울여야 한다.

특히 요즘 한국인들을 보면, 분노의 문제가 많이 드러나는 것 같다. 흔히 우리 민족을 '한이 많은 민족'이라고 한다. 한이 많다는 것은 다른 말로 표현하면 화가 많다는 말이기도 하다.

나는 개인적으로 미국에서 자랐기 때문에 한국인의 정서를 배우려고 우리나라의 대표적인 가수들이나 유명한 가요들을 많이 들었던 적이 있다. 가수 조용필의 〈한오백년〉이란 노래에 "한 많은 이 세상 야속한 님아 정을 두고 몸만 가니 눈물이 나네"라는 가사가 나오는데, 이 노래를 듣자니 심령이 울리는 걸 넘어서 골수가 움직이는 것 같았다. 이 가사처럼 우리 민족 안에는 한이 있다는 것이고, 심령이 움직였다는 것은 나도 동의가 된다는 뜻일 것이다.

이렇듯 특별히 한이 많은 민족으로서 우리는 성내는 문제, 분노를 조절하지 못하는 문제를 특별히 더 드러내고 있다. 그런데 하나님은 어떤 분이신가? 성경은 '그의 선하심과 인자하심이 영원하다'라고 말씀한다. 분노가 문제가 되는 것은, 분노는 하나님의 성품과 완전히 상충되기 때문이다.

선하심과 인자하심이 영원하신 하나님을 믿고 전해야 하는 우리가 분노를 조절하지 못하고 화 가운데서 살면, 어떻게 하나님의 선하심과 인자하심을 따라 살며 그분의 영광을 드러낼 수 있겠는가?

나는 여기서 심리학적으로 분노를 분석하고 자신을 돌아보고, 화가 나면 무엇을 어떻게 할 수 있는지 전하려는 게 아니다. 심리학적인 차원에서 분노에 대해 아는 것, 특히 내 안에 있는 분노의 문제를 어떻게 발견하고 해결할 것인가를 알아보는 것은 분명 유익할 것이다. 나도 전문가들이 쓴 기사나 글을 보며 도움을 받을 때가 종종 있다.

그러나 이런 접근은 인터넷에 나온 정보나 책을 통해 충분히 접할 수 있고, 필요하다면 상담을 통해 전문가들의 도움을 받을 수 있다. 여기서는 그런 접근보다는 말씀을 통해 분노가 얼마나 치명적인지를 영적인 차원에서 살펴보려고 한다.

분노의 문제를 '그럴 수도 있지. 그 정도야 뭐'라는 식으로 그냥 넘어가면 안 된다. '나는 기질적으로 다혈질이라 어쩔 수 없어. 내가 이렇게 태어났는데 어떡해'라고 하면서 그냥 지나가기 쉬운데, 그러면 안 된다.

그런 식으로 지나칠 수 없는 게 분노의 문제다. 이제 말씀을 통해 분노가 믿는 자들인 우리에게 영적으로 얼마나 치명적인지를 깨닫기 바란다. 그래야 분노를 쉽게 생각하지 않을 것이고, 그냥 지나치지 않을 것이다.

분노는 하나님의 의를 이루지 못하게 한다

첫째로 분노가 치명적인 이유는, 분노 때문에 하나님의 의를 이루지 못하기 때문이다.

사람이 성내는 것이 하나님의 의를 이루지 못함이라 약 1:20

하나님의 의를 이루지 못한다는 것은, 하나님의 거룩하심을 드러내지 못한다는 뜻이다. 즉, 우리가 아무리 주님과 주님의 나라에 대해 열정이 있다 할지라도 분노를 조절하지 못하는 자라면 하나님의 의를 결코 나타낼 수 없다는 말씀이다.

예수님은 "너희는 먼저 그의 나라와 그의 의를 구하라"라고 하셨다. 믿는 자로서 우리에게는 먼저 해야 할 일이 있는데, 그것은 그의 나라와 그의 의를 구하고 찾아서 그것을 세상에 알리는 것이다. 그런데 야고보서 1장 20절에 따르면, 성내는 것이 하나님의 의를 이루지 못한다고 한다. 즉, 우리가 먼저 그의 나라와 그의 의를 구할 수 없게 된다는 뜻이다. 하나님의 의를 이루지 못한다니, 얼마나 치명적인 문제인가.

이것이 얼마나 심각한 문제인지 모세의 경우를 들어 살펴보자. 모세는 어떤 사람이었는가? 그는 하나님과 친구처럼 소통하는 자였다. 그만큼 그는 위대한 사람이었다.

히브리서 3장을 보면, 하나님의 독생자 예수 그리스도를 소개하면서 그는 모세보다도 위대한 분이라고 말씀한다. 예수님이 얼마나 위대한 분인지를 설명하기 위해 비교 대상으로 모세를 삼았다. 그만큼 모세는 위대한 자였다.

모세는 이백 만이 넘는 히브리인들을 애굽에서 끌어내어 사십 년의 광야 생활 동안 그들을 이끌었던 자였다. 사막에서 한 달만 살아보라. 서로 잡아먹지 못해서 안달일 것이다. 그런데 이백만 명을 이끌고 모세가 그것을 해냈다. 그런데 그런 모세도 어느 한 사건에서 하나님의 의를 나타내지 못하고 하나님의 영광을 가리게 된 적이 있었다. 민수기 20장에 기록된 사건이다.

회중이 물이 없으므로 모세와 아론에게로 모여드니라 백성이 모세와 다투어 말하여 이르되 우리 형제들이 여호와 앞에서 죽을 때에 우리도 죽었더라면 좋을 뻔하였도다 너희가 어찌하여 여호와의 회중을 이 광야로 인도하여 우리와 우리 짐승이 다 여기서 죽게 하느냐 너희가 어찌하여 우리를 애굽에서 나오게 하여 이 나쁜 곳으로 인도하였느냐 이곳에는 파종할 곳이 없고 무화과도 없고 포도도 없고 석류도 없고 마실 물도 없도다 민 20:2-5

무슨 상황인가? 이때는 이스라엘 백성들이 애굽에서 나온 후 세월이 꽤 흘렀을 때다. 애굽에서 나온 이스라엘의 첫 세대는 이미 하나님 앞에 큰 죄를 범하여 모세와 아론, 여호수아와 갈렙만 빼고 광야에서 모두 죽었다. 이들은 그 이후 세대들인데, 미르바에 이르러 물이 없자 이들이 뭐라고 불평하는가?

'우리도 그냥 그때 죽었어야 했는데! 우리 형제와 조상들이 죽을 때 같이 죽는 게 나을 뻔했다!'

굉장히 날카롭게 불평하고 있다. 그런데 이런 일이 처음이 아니라 애굽에서 나왔을 때부터 계속 반복되고 있었다. 처음 출애굽 할 때는 찬양하고 감사기도 하며 기뻐서 어쩔 줄 몰라 했지만, 조금만 힘들고 현실에 부닥치면 여지없이 불평을 해댔다. 한 번은 모세와 아론을 원망하며 돌을 들어서 죽이려고 했던 적도 있었다. 그런데 모세의 반응을 보라.

> 모세와 아론이 회중 앞을 떠나 회막 문에 이르러 엎드리매 여호와의 영광이 그들에게 나타나며 여호와께서 모세에게 말씀하여 이르시되 지팡이를 가지고 네 형 아론과 함께 회중을 모으고 그들의 목전에서 너희는 반석에게 명령하여 물을 내라 하라 네가 그 반석이 물을 내게 하여 회중과 그들의 짐승에게 마시게 할지니라 민 20:6-8

모세와 아론은 이때도 하나님 앞에 엎드렸다. 이렇게 엄청난 불만과 불평과 협박을 받으면서도 오직 하나님 앞에 엎드린 것이다. 여기서도 모세의 위대한 모습이 보인다. 그런 모세에게 하나님이 자세히 말씀하셨다.

'회중들을 큰 반석 앞에 모이게 하고 반석에게 명령하여 물이 나오

게 하라. 그리하면 물이 나올 것이다. 그 물을 백성과 짐승에게 먹게
하여라.'

그러자 모세가 어떻게 반응했는가?

모세가 그의 손을 들어 그의 지팡이로 반석을 두 번 치니 물이 많이 솟아나
오므로 회중과 그들의 짐승이 마시니라 민 20:11

모세는 하나님이 지시한 대로 행동하지 않았다. 하나님은 반석에
게 말로 명령하라고 하셨는데, 모세는 사람들을 모아놓고 '이 반역
한 자들아, 우리가 이 반석에서 물을 내랴?'라고 화를 내며 지팡이로
반석을 쳤다. 한 번에 성이 안 찼는지 두 번을 쳤다. 분노를 이기지
못한 것이다.

이 일이 있었을 때, 하나님은 약속하신 대로 역사하셨다. 반석에서
물을 내주신 것이다. 그러나 하나님은 모세가 한 일을 그냥 넘어가
지 않으셨다.

모세의 분노, 치명적인 결과

여호와께서 모세와 아론에게 이르시되 너희가 나를 믿지 아니하고 이스라
엘 자손의 목전에서 내 거룩함을 나타내지 아니한 고로 너희는 이 회중을

내가 그들에게 준 땅으로 인도하여 들이지 못하리라 하시니라 민 20:12

하나님은 모세와 아론에게 '너희가 회중들 앞에서 내 거룩함을 나타내지 못했으며 나의 영광을 가리고 말았다'라고 하셨다. 분노를 참지 못하고 순간적으로 바위를 내리치는 모습이 하나님의 거룩함을 나타내지 못하는 행동이었다는 것이다. 그러면서 치명적인 징벌을 내리셨다. 모세와 아론이 약속의 땅에 들어가지 못할 것이라고 말씀하신 것이다.

성경이 예수님 다음으로 가장 위대한 인물로 꼽았던 모세, 이스라엘 백성에게는 하나님의 역할을 하도록 크게 쓰임 받았던 모세가 어느 한순간 하나님의 영광을 완전히 가려버렸는데, 그게 바로 분노를 참지 못할 때 일어난 사건이던 것이다. 이게 분노다.

'이런 상황에서 어떻게 화를 내지 않을 수 있습니까?'라고 항변하고 싶은 사람도 많을 것이다. 맞다. 화날 상황에서 화가 치미는 것은 자연스러운 반응이다. 하지만 그 분노를 다스릴 수 있는가, 자제할 수 있는가, 치미는 분노 앞에서 어떤 모습을 보이는가는 다른 문제다. 하나님은 모세를 통해 이것을 말씀하시는 것이다.

'환경 때문에, 나의 기질 때문에 그럴 수밖에 없었습니다'라고 대충 넘어갈 문제가 아니란 것이다. 환경을 탓한다면 모세만큼 탓할 수 있는 자가 어디 있겠는가? 사십 년 동안 그런 모습을 수도 없이 보면서 인내해왔는데, 모세도 변명하려면 얼마든지 변명할 수 있었을 것이다. 하지만 하나님은 아니라고 하신다. '그 순간 내 영광을 가렸다. 내 거룩함을 드러내지 못했다'라고 하시며 징벌하셨다. 그만큼 분노라는 것이 하나님의 성품을 망가뜨린다는 말씀이다.

우리는 하나님의 성품을 받아 세상에 보여줘야 하는 존재이기에 우리가 분노를 보일 때 하나님의 영광을 완전히 가려버린다는 것이다. 그렇기에 분노가 영적으로 치명적인 것이다. 하나님의 의를 이루지 못하게 하는 것이 분노다. 결코 그냥 덮고 지나갈 수 없는 문제다.

분노는 성령 충만한 삶을 살 수 없게 만든다

둘째로 분노가 치명적인 이유는, 성령 충만한 삶을 살 수 없게 만들기 때문이다. 성령님은 어떤 분이신가? 하나님의 영이시다. 우리가 하나님을 믿는 순간 우리 안에 오셔서 우리 안에 내재하시는 분이다.

요한복음 3장에서 예수님은 거듭나지 않으면 하나님나라를 볼 수 없다고 하셨다. 다른 말로 하자면, 우리가 주님을 믿고 천국을 얻게 되었을 때 거듭난다는 말이다. 다 큰 어른이 어떻게 거듭날 수 있느냐는 질문에 예수님은 '성령으로 나는 것'을 알려주셨다. 믿는 자들에게는 성령이 계신다. 믿는 우리에게는 하나님의 영인 성령님과 동행할 수 있는 축복이자 특권이 주어졌다.

그런데 분노의 문제가 우리 안에 남아 있을 때, 우린 절대 성령의 충만하심 가운데 살 수 없다. 그것을 어떻게 알 수 있는가? 성령의 열매들을 하나하나 살펴보면 알 수 있다.

성령께서 우리 안에서 자유롭게 역사하시도록 우리가 성령님께 굴복하면 성령의 열매가 우리 안에 맺히게 되는데, 그 열매가 무엇인지 갈라디아서 5장은 이렇게 설명한다.

> 오직 성령의 열매는 사랑과 희락과 화평과 오래 참음과 자비와 양선과 충성
> 과 온유와 절제니 이 같은 것을 금지할 법이 없느니라 갈 5:22,23

하나님이 성령을 주셔서 우리가 성령 안에서 성령의 역사 가운데 살 수 있게 되었는데, 성령이 우리 안에서 자유롭게 역사하신다면 사랑과 희락과 화평과 오래 참음과 자비와 양선과 충성과 온유와 절제라는 아홉 가지 열매가 맺힌다는 것이다. 그런데 이 열매들은 하나같이 분노가 자리잡고 있으면 맺힐 수 없는 열매들이다.

분노할 때 사랑할 수 있는가? 사랑은커녕 비난과 공격만 하게 될 것이다. 분노할 때 희락이 있는가? 화나면 뚜껑이 날아간다고 하는데, 그때 기쁨도 다 날아간다. 분노할 때 화평이 있는가? 화가 나면 가슴이 뛰고 머리가 아프며 화평이 완전히 사라진다. 분노는 참지 못하게 한다. 분노와 자비는 함께 갈 수 없다. 분노가 생기면 착함(양선)이나 성실함(충성)을 유지할 수 없다. 분노한 사람은 온유할

수 없고, 분노는 자제하지 못하게 만든다.

이렇게 아홉 가지 열매를 다 막는 게 분노다. 성령이 우리 안에서 자유롭게 역사하지 못하도록 만드는 게 분노라는 말이다. 그러니 크리스천에게 분노가 영적으로 얼마나 치명타인가.

분노는 자기 자신과 주변 사람들을 다치게 한다

셋째로 분노가 치명적인 이유를 하나 더 보면, 분노는 우리 자신은 물론이고 우리 주변 사람들을 다치게 한다.

우리가 분노, 즉 화를 잘 다루지 못할 때 가장 먼저 다치는 사람은 자기 자신이다. 우리나라에 '화병'으로 고통스러워하는 사람이 얼마나 많은가? 화병은 두통, 불면, 불안증, 우울감, 소화불량, 고혈압, 아토피, 심장병, 뇌졸중 등의 증세를 일으켜 우리 몸을 망가뜨린다.

성경은 우리 몸이 하나님의 성전이라고 했다. 성령이 내재하시기 때문이다. 그러니 하나님을 몰랐던 이전에는 우리가 먹고 싶은 대로 먹고, 하고 싶은 대로 하면서 몸이 망가져도 그런 채로 살았지만, 이제는 그럴 수 없다. 이 몸이 하나님의 성전이기 때문에 몸을 잘 지켜야 하는 것이다.

그런데 분노가 우리 몸을 망가뜨린다. 하나님의 성전을 망가뜨린다. 하나님의 성전을 도끼로 내리찍고 부수는 사람이 있는가? 그런 사람은 없다. 물리적인 성전도 그렇게 하지 않는다. 그런데 지금 성령께서 내재하시는 우리 몸을 우리가 망가뜨리고 부수고 죽이는 게 '분노'란 것이다.

분노는 우리 자신을 망가뜨릴 뿐 아니라 우리 주변 사람들도 다치게 한다. 분내는 사람과 같이 있어보라. 어떤 일이 일어나는가? 분내는 사람과 사는 가족은 마음의 병, 육신의 병으로 고통받는다. 분노는 독이기 때문이다. 분노가 뿜어내는 독이 주변 사람들에게 다 전달되기 때문에 온전할 수가 없다.

홧김에 가정을 어렵게 하는 부모 밑에서 자라는 자녀들을 보면, 사회적으로 문제가 되는 경우가 대부분이다. 분노를 다스리지 못하는 배우자와 사는 사람을 보라. 깊은 우울에 빠져 정신적으로 죽어가고 있다.

분노는 독이다. 이것을 기억해야 한다.

계명의 핵심은 사랑이다

예수님은 모든 계명의 핵심은 하나님을 사랑하는 것과 내 이웃을 사랑하는 것이라고 말씀하셨다. 누가 과연 나의 이웃인가? 나의 가장 가까운 이웃은 가족과 내 주변의 지인들이다. 그런데 분노로 인해 그들을 다 죽이는 것이다. 그러면서 하나님을 사랑한다는 것은 말이 안 된다. 하나님을 사랑하는 것은 내 이웃을 사랑하는 것과 같이 가는 것이다. 나의 가장 가까운 가족조차 사랑은커녕 죽이고 있는데, 어떻게 하나님을 사랑할 수 있겠는가.

우리나라 표현에 "너 죽고 나 죽자"라는 말이 있다. 미국에서 자랐기에 이 말을 몰랐다가 처음 들었을 때 나는 정말 깜짝 놀랐다. 너무 무서웠기 때문이다. 두 사람이 멱살을 잡거나 혹은 서로의 머리채를 잡고는 "너 죽고 나 죽자"라고 하는 장면은 생각만 해도 살벌하고 무섭다. 이 말을 영어로 번역해보려고 해도 문법적으로나 정서적으로 표현이 잘 안 된다. "You die, I die"라고 하니 문법도 안 맞고 해석도 안 맞다. 이렇게 다른 나라 말로는 표현조차 안 되는 이 말을 우리는 너무나 자연스럽게 쓰고 있는 것이다.

생명은 하나님이 주신 것인데, 아무리 홧김이라도 '너 죽고 나 죽자'라고 하는 것이 하나님 앞에서 얼마나 심각한 일인지 깨달아야 한다.

예수님은 산상수훈에서 "살인하지 말라"라는 십계명의 제6계명을 우리 안에 있는 분노와 연결하셨다.

옛 사람에게 말한 바 살인하지 말라 누구든지 살인하면 심판을 받게 되리라 하였다는 것을 너희가 들었으나 나는 너희에게 이르노니 형제에게 노하는 자마다 심판을 받게 되고 형제를 대하여 라가라 하는 자는 공회에 잡혀가게 되고 미련한 놈이라 하는 자는 지옥 불에 들어가게 되리라 마 5:21,22

지금까지는 제6계명을 물리적으로 사람 죽이는 것만 하지 않으면 지킨 것이라고 생각했는데, 그게 아니라는 말씀이다. 물리적으로 살인을 안 하는 게 다가 아니라 분을 품고 형제에게 화를 내는 것 역시 이미 마음으로 살인을 한 것이며, 그 분을 참지 못하고 형제에게 욕을 하고 싸우는 자는 이미 제6계명을 범한 자라는 것이다.

토기장이 손에 분노의 문제를 맡기라

지금까지 살펴봤듯이 분노는 영적 생활에서 그냥 지나칠 수 있는 문제가 아니다. 이 문제는 우리로 하여금 하나님의 의를 나타내지 못하게 하고, 성령 충만한 삶을 살지 못하게 하며, 우리 자신과 지인들을 다치게 하고, 심지어는 죽게 하는 문제가 되기 때문이다. 이 사실이 우리에게 경각심을 울리길 바란다.

분노는 우리 힘으로 통제하기 어려운 감정이다. 인간적으로는 불가능하다. 하지만 그렇다고 내버려두면 분노가 분노를 계속 키워 결국 나를 지배하게 된다. 그렇기 때문에 우리는 성령의 능력과 말씀의 능력을 받아서 이 죄를 다스려야 한다. 인간적으로는 불가능하지만 성령의 능력을 힘입으면 할 수 있다. 우리는 성령의 능력으로 반드시 분노를 다스릴 수 있어야 하다.

하나님은 진흙을 빚으시는 토기장이시다.

그러나 여호와여, 이제 주는 우리 아버지시니이다 우리는 진흙이요 주는 토기장이시니 우리는 다 주의 손으로 지으신 것이니이다 사 64:8

이 말씀을 묵상하는데, 하나님의 백성이 이미 주님을 떠나 마음이 완악해졌으며 바벨론에 끌려가 있음에도 불구하고 여전히 하나님의 백성을 빚고 계시는 하나님의 손이 떠올랐다. 진흙으로 얼룩진 손으로 정성스럽게 진흙을 어루만지는 모습이 내 마음에 그려졌다.

토기장이가 그렇게 우리를 정성스럽게 빚기 위해서는 진흙이 물로 부드러워져야 한다. 딱딱하게 굳어 있으면 빚으실 수 없다. 우리의 굳은 마음이 부드러워지고 변화되어야 한다.

그러므로 모든 더러운 것과 넘치는 악을 내버리고 너희 영혼을 능히 구원할 바 마음에 심어진 말씀을 온유함으로 받으라 약 1:21

말씀은 우리 마음을 부드럽게 하는 물과 같다. 말씀을 온유한 마음으로 받으면 물에 부드러워진 진흙처럼 우리 마음이 부드러워진다. 딱딱한 마음으로는 아무리 말씀을 많이 봐도 소용없다. 온유한 마음으로 말씀을 받아 토기장이의 손에 빚어지는 진흙처럼 하나님께서 말씀과 성령으로 우리를 빚으실 수 있도록 우리 자신을 하나님 손에 내어드리자. 하나님께 우리 마음을 새롭게 해달라고 기도하자.

"주여, 주님의 뜻대로 저를 빚어주소서! 나의 모든 죄악들, 더러운 것들, 분노를 주님께 있는 그대로 올려드리오니 주님의 말씀으로 저를 적시사 부드럽게 하여주소서. 저를 빚어주시고 제 안에 새로운 마음을 창조하여주옵소서!"

욥기 1장 7-11절

7 여호와께서 사탄에게 이르시되 네가 어디서 왔느냐 사탄이 여호와께 대답하여 이르되 땅을 두루 돌아 여기저기 다녀왔나이다 8 여호와께서 사탄에게 이르시되 네가 내 종 욥을 주의하여 보았느냐 그와 같이 온전하고 정직하여 하나님을 경외하며 악에서 떠난 자는 세상에 없느니라 9 사탄이 여호와께 대답하여 이르되 욥이 어찌 까닭 없이 하나님을 경외하리이까 10 주께서 그와 그의 집과 그의 모든 소유물을 울타리로 두르심 때문이 아니니이까 주께서 그의 손으로 하는 바를 복되게 하사 그의 소유물이 땅에 넘치게 하셨음이니이다 11 이제 주의 손을 펴서 그의 모든 소유물을 치소서 그리하시면 틀림없이 주를 향하여 욕하지 않겠나이까

야고보서 4장 11,12절

11 형제들아 서로 비방하지 말라 형제를 비방하는 자나 형제를 판단하는 자는 곧 율법을 비방하고 율법을 판단하는 것이라 네가 만일 율법을 판단하면 율법의 준행자가 아니요 재판관이로다 12 입법자와 재판관은 오직 한 분이시니 능히 구원하기도 하시며 멸하기도 하시느니라 너는 누구이기에 이웃을 판단하느냐

chapter 05

위선자가 휘두르는 칼날, 비판

나에겐 관대하고 남에겐 인색한 존재

미국에서는 교통 위반 티켓을 받게 되면 한국보다 페널티가 더 크다. 한국보다 훨씬 더 많은 벌금을 내야 하고, 벌점도 많이 올라가서 보험료도 많이 올라간다. 보험료를 줄이기 위해서는 벌점 관리를 하는 게 중요한데, 일 년에 한 번 정도 벌점을 없앨 수 있는 기회를 준다. '트래픽 스쿨'(traffic school)이라고 하는 일종의 안전운전 교습소 같은 곳에 가서 반나절 동안 교습을 받으면 벌점을 삭제해주어 보험료가 올라가지 않게 된다.

나도 교통 위반 때문에 트래픽 스쿨에 간 적이 있다. 그때 약 백이십 명 정도 모였는데, 강사가 강의를 시작하면서 질문을 했다. 자신의 운전 실력을 스스로 평가해보라는 것이었다. 자신의 운전 실력이 형편없다 싶으면 1점, 아주 훌륭하다 싶으면 10점으로 스스로를 평가해보라고 하면서, 이렇게 물었다.

"자신의 운전 실력이 5점이라고 생각하는 분 있나요? 손들어보세요."

손을 드는 사람이 아무도 없었다. 6점이라고 생각하는 사람도 아무도 없었다. 7점이라고 생각하는 사람이 네다섯 명 정도 있었다.

"8점이라고 생각하는 분 손 들어보세요."

스무 명 정도가 손을 들었다.

"9점이라고 생각하는 분 손 들어보세요."

여기저기서 거의 여든 명 정도가 손을 들었다. 나도 그중 한 명이었다.

교통 위반을 하고 왔기에 양심상 10점이라고는 못하겠고, 그래도 9점 정도는 되지 않을까 생각했다. 아마 다들 비슷한 생각을 했던 모양이다.

그렇게 스스로 생각하는 운전 실력에 대해 묻기를 마친 강사는 이렇게 말했다.

"지금 여러분은 교통 위반 벌점 때문에 이곳에 왔습니다. 그런데도 여기서 자신의 운전 실력이 7점 이하라고 평가하는 사람은 아무도 없습니다. 다들 운전하다가 잘못을 하여 이곳에 모였는데, 거의 대부분이 자신은 운전을 잘한다고 생각하는 것입니다."

그날 그 모습을 보면서 이런 생각이 들었다.

'우리는 참 자신에 대해서는 관대하고 타인에게는 인색하게 생각하는구나.'

이 말을 달리 표현하면, 우리는 자신의 결핍에 대해선 아주 아량 있게 포용하고, 타인의 결핍에 대해서는 날카롭게 비판한다는 것이다. 이런 면에서 성숙을 향한 마음의 변화를 이루기 위해 '비판'에 대해 살펴봐야 한다.

비판하는 자, 사탄

먼저 욥기 말씀을 통해 살펴보자. 욥기 1장에서는 사탄이 하나님 앞에서 욥이란 사람을 비방하고 송사하는 장면이 나온다. 성경은 여기서 사탄이 어떤 자인지를 분명히 말씀해주시는데, 사탄은 송사하는 자, 비방하는 자, 비판하는 자다.

하나님이 어느 날, 영의 세계에서 많은 천사들과 함께 계실 때 사탄에게 물으셨다.

"네가 내 종 욥을 주의하여 본 적이 있느냐? 욥처럼 정직하고 나를 경외하는 자는 이 세상에 없다."

그러자 사탄이 뭐라고 대답하는가?

"그것은 하나님께서 그에게 많은 복을 주시고 울타리로 보호해주시기 때문이 아닙니까? 그걸 다 거두어보세요. 사람은 다 똑같습니다. 욥도 하나님을 충분히 욕할 사람입니다."

이렇게 비방하고 송사하고 비판하는 자가 사탄이다. 그런데 하나님은 어떤 분이신가?

하나님이 그 아들을 세상에 보내신 것은 세상을 심판하려 하심이 아니요 그
로 말미암아 세상이 구원을 받게 하려 하심이라 요 3:17

하나님은 세상을 심판하지 않고 구원하시기 위해 그분의 아들을
보내주신 분이다. 우리를 불쌍히 여기시며 구원하시고 용서하시는
분이다. 판단하고 비방하고 소송하는 사탄과 완전히, 전혀 다른 분
이다.

'비판'을 살펴보는 데 있어서 욥기의 말씀으로 시작하는 것은, 비
판이 영적으로 얼마나 우리의 인격을 파괴하는지를 먼저 보기 위해서
다. 비판은 사탄의 모습이다.

공동체를 향한 주님의 당부
주님은 우리에게 뭐라고 말씀하시는가?

형제들아 서로 비방하지 말라… 약 4:11

야고보서 말씀은 특히 주님의 공동체를 위하여 주신 말씀이다. 주
님의 공동체인 교회는 어떤 곳인가? 예수님의 핏값으로 사신 주님의
백성들이 모인 주님의 공동체다. 이천 년 전 초대교회 때나 지금이나
그런 주님의 공동체 안에서 때로는 상처를 받고 넘어지고 망가지는

원인은 서로 비방하고 비판하기 때문이다.

예수님은 마태복음 16장 18절에서 "내가 이 반석 위에 내 교회를 세우리니 음부의 권세가 이기지 못하리라"라고 말씀하셨다. 음부의 권세는 절대로 교회를 무너뜨리지 못한다. 그러면 교회가 언제 무너지는가? 스스로 무너지는 것이다. 예수님이 권세를 주셨기 때문에 외부의 세력, 사탄의 세력으로 인해 무너지진 않지만, 스스로 무너질 수는 있다. 서로 비방하고 싸우고 비판하고 소송할 때 말이다. 그렇기 때문에 야고보 사도는 믿는 자들을 향해 "서로 비방하지 말라"라고 당부하는 것이다.

야고보 사도는 서로 비방하지 말아야 할 그 이유를 두 가지로 말씀한다. 첫째로는 형제를 비방하는 자나 판단하는 자는 곧 율법을 비방하는 것이기 때문이고, 둘째로는 그렇게 율법을 판단하는 자는 곧 재판관이 되려는 것이기 때문이다.

그러니까 우리가 형제를 비판할 때 두 가지 오류를 범하게 된다는 것이다. 먼저는 하나님의 율법 자체를 대적하는 것이 되고, 둘째로는 율법을 지키라고 주셨는데 도리어 우리가 그 율법을 가지고 재판관이 되어 하나님의 자리에 대신 앉으려는 엉뚱한 모습을 보이게 된다는 것이다.

이 내용을 현대인의 성경으로 보면 더 명확하게 나와 있다.

"형제 여러분, 서로 헐뜯지 마십시오. 형제를 헐뜯거나 판단하는 사람은 율법을 헐뜯고 판단하는 사람입니다. 여러분이 율법을 판단하면 율법을 지키는 사람이 아니라 오히려 재판자가 되는 것입니다."

우리가 형제를 헐뜯고 판단하면 율법 자체를 헐뜯고 판단하는 것이라고 했는데, 왜 그런가? 하나님의 율법의 핵심이 무엇인가? 하나님 사랑과 이웃 사랑, 즉 '사랑'이다. 그렇기 때문에 형제를 헐뜯는 것은 율법 자체를 헐뜯고 대적하는 것이 된다.

또, 하나님은 우리에게 율법을 지키라고 주셨는데, 우리가 서로 헐뜯고 형제를 판단하면 우리는 율법을 지키는 사람이 아니라 오히려 재판자가 되려는 것이다. 재판관은 오직 한 분 하나님이신데, 우리가 스스로 하나님의 자리에 올라가려는 것이기에 경고하시는 것이다.

심각한 경고다. 단순히 '형제와 다투지 말라' 정도가 아니라 형제를 비판하고 판단하게 되면 하나님의 율법 자체를 대적하게 되는 것이란 말씀이다.

우리의 비판으로 우리가 비판을 받는다

예수님은 복음서를 통해 우리에게 더욱더 확실하게 말씀하신다.

비판하지 말라 그리하면 너희가 비판을 받지 않을 것이요 정죄하지 말라 그리하면 너희가 정죄를 받지 않을 것이요 용서하라 그리하면 너희가 용서를 받을 것이요 눅 6:37

예수님은 아주 분명하고 명확하게 "비판하지 말라. 정죄하지 말라"라고 하시면서 '네가 비판하지 않아야 너도 비판받지 않는다. 네가 정죄하지 않아야 너도 정죄받지 않는다'라고 말씀하신다. 그리고 '네가 용서하면 너도 용서받을 것이다'라고 하신다. 심은 대로 거둔다는 말씀이다. 그리고 이어지는 41,42절에서는 이렇게 말씀하신다.

어찌하여 형제의 눈 속에 있는 티는 보고 네 눈 속에 있는 들보는 깨닫지 못하느냐 너는 네 눈 속에 있는 들보를 보지 못하면서 어찌하여 형제에게 말하기를 형제여 나로 네 눈 속에 있는 티를 빼게 하라 할 수 있느냐 외식하는 자여 먼저 네 눈 속에서 들보를 빼라 그 후에야 네가 밝히 보고 형제의 눈 속에 있는 티를 빼리라 눅 6:41,42

우리가 형제를 비판할 때 예수님은 우리를 외식하는 자, 즉 위선자로 보신다는 것이다. 우리는 다 자신 안에 들보 같은 결핍이 있는 자들인데, 그런 내 안의 들보는 빼지 못하면서 남의 눈에 보이는 티를 빼겠다고 하니 말이다. 그 모습이 하나님 앞에 얼마나 어리석고 안타까운 일이겠는가.

비판은 주님의 마음을 상하게 하고 우리의 영성과 인품을 파괴하며 주님의 공동체를 해치는 것이다. 우리 안에 그런 비판하는 모습이 있다면 그 마음을 들여다보고 하나님 앞에 그 마음을 내어드리면서 고쳐달라고 회개하며 나아가야 한다.

비판하지 않기 위해

나 역시 이 말씀을 묵상하면서 나의 마음을 돌아보았다. 주님이 분명히 하지 말라고 하시는 것을 자꾸 하려는 나의 모습이 여전히 있었고, 또 이런 나의 모습과 끊임없이 싸우고 있는 모습도 있었다. 이런 나의 경험을 돌이켜보며 이 싸움에 도움이 될 만한 팁을 몇 가지 정리해보았다.

첫째, 좋아할 순 없어도 미워하지는 말자

목회를 하다 보니 정말 많은 사람을 만나게 되는데, 그러다 보면 기질적으로 맞는 사람도 있고 잘 안 맞는 사람도 있게 마련이다. 생각이 다른 사람들도 많고, 아예 성향이 너무 다른 사람들도 있다. 그런 경우엔 목회자인 나도 그 사람을 좋아할 수가 없다. 인간적인 반응이지만, 이것이 괴로울 때도 많다. 그런데 미워하지 않을 순 있다. 좋아하진 않아도 미워하지 않으면 그를 위해 계속 기도해줄 수 있고, 그렇게 기도하다 보면 주님의 마음으로 사랑할 수 있게 된다. 주님은 형제를 사랑하는 것을 넘어서서 원수들을 사랑하라고 하셨는데, 그 첫 시작이 이것이다. 그러니 나와 안 맞는 사람을 만날 때면 이것을 기억하자. 좋아할 순 없어도 미워하지 말자고.

둘째, 내가 결코 알 수 없는 남의 동기까지 판단하지 말자

우리 눈에 보이고 들리는 것은 행동과 말이다. 그러니 상대방의 말이나 행동에 대해서 의견을 말할 순 있다. '그런 말은 안 했으면 좋겠다'라거나 '그런 행동은 삼가해주었으면 좋겠다'같이 말이다. 그러나 그 동기에 대해선 우리가 알 수 없다. 동기를 아시는 분은 오직 하나님이시다. 동기가 잘못되었다면 하나님이 심판하실 것이다.

로마서 12장 19절에 보면 주님은 "원수 갚는 것이 내게 있으니 내가 갚으리라"라고 하셨다. 동기가 잘못되었다면 하나님이 갚아주실 것이고, 우리는 하나님께서 일하실 수 있도록 하나님의 공간을 내어드리면 된다.

사람의 숨은 동기는 우리의 영역이 아니라 하나님만 판단하시는 영역이다. 그 부분은 하나님께 맡기라. 우리는 사람의 동기를 알 수 없다는 것을 잊지 말고, 남의 동기까지 판단하는 일을 삼가자. 그러면 남을 비판하는 마음으로부터 자유로워질 것이다.

셋째, 형제의 단점만 생각하지 말자

야고보서에도 '형제'란 단어를 사용하고 있는데, 나도 그 단어를 사용하여 '형제의 단점만 보지 말자'고 하고 싶다. 그 이유는 사람만 보는 게 아니라 믿음의 공동체를 보기 위해서다.

주님은 믿음의 형제자매들이 모여 공동체인 교회를 이루게 하셨다. 그리고 사람은 누구나 다 장점과 단점이 있다. 그런데 우리는 비판하는 마음이 생길 때 보통 형제의 단점만 주목한다. 어떤 일로 마음이 상하면 계속 그 사람의 단점만 보이는데, 그럴 때 교회 공동체를 염두에 두고 생각해보면 그에게도 장점이 있다는 것을 깨달을 수 있다. 한번 장점이 보이기 시작하면 하나둘 보이는 것이 늘면서 굉장히 도움이 된다.

스테인드글라스(stained glass)는 쪼개진 유리 조각을 붙여서 멋진 작품으로 만든 것이다. 교회가 그런 곳이다. 하나님은 쪼개진 유리 조각 같은 우리를 모아서 멋진 작품으로 만들어주신다. 그러니 우리 자신을 포함한 형제 안에는 못된 모습도 있지만 아름다운 모습도 있는 것이다.

그런데도 우리가 남을 판단하는 마음을 갖는 이유는 자꾸 단점만 보기 때문이다. 하지만 어느 순간 장점을 보기 시작하면, '하나님이 그래서 이 형제를 우리 공동체에 허락하셨구나. 이 형제를 통해 우리 공동체를 축복하시는구나'라는 걸 깨닫게 된다.

혹시 누군가로 인해 서운한 마음이 든다면 그 형제나 자매를 통해 그동안 나에게 주셨던 은혜를 생각해보라. 그 형제와 자매가 교회를 위해 했던 일을 생각해보라. 반드시 하나라도 있을 것이다. 그렇게 생각하다 보면 상했던 마음이 치유를 받는다.

넷째, 나의 언어를 바꿔보자

말에는 힘이 있다. 얼마나 큰 힘이 있는지, 야고보서는 우리의 혀가 광풍 가운데서도 배를 사공의 뜻대로 제어하는 키와 같다고 표현했다(약 3:4,5 참조). 그렇기 때문에 특별히 말을 조심해야 한다. 말로 인해 공동체의 많은 형제자매와 가족들과 지인들을 아프게 할 수 있고, 죽일 수도 있다.

혀는 능히 길들일 사람이 없나니 쉬지 아니하는 악이요 죽이는 독이 가득한 것이라 이것으로 우리가 주 아버지를 찬송하고 또 이것으로 하나님의 형상 대로 지음을 받은 사람을 저주하나니 약 3:8,9

이렇게 혀에는 많은 사람을 죽일 수도 있는 독이 가득하다. 같은 혀를 가지고 어떻게 하나님을 찬양하면서 동시에 하나님의 형상으로 지음 받은 형제를 비판하며 죽이느냐는 무서운 경고다. 이런 맥락에서 말씀이 이어지면서 4장 11절의 "형제들아 서로 비방하지 말라"라는 말씀이 나오는 것이다.

말이 그만큼 중요하다. 그러니까 말을 바꿔야 한다. 혀를 비방하는 데 쓰면 상대방을 완전히 무너뜨리고 죽인다. 그런 말을 사람 세우는 말로 바꿔야 한다.

말을 바꿔야 하는 이유가 또 있다. 대개 우리는 생각하는 대로 말하지만, 반대로 말하는 대로 생각과 마음이 바뀌기 때문이다. 말이란 게 그만큼 힘이 있다. 그래서 힘든 말을 하면 마음까지도 힘들어진다.

헐뜯는 말 대신에 세워주는 말을 하라. 사랑의 말, 축복의 말, 감사를 표현하는 말을 하라. "사랑합니다. 축복합니다. 감사합니다"

같은 말을 자꾸 연습해야 한다. 말만 바꿔어도 주변 공기가 바뀐다. 언어를 바꾸는 게 굉장히 중요하다.

다섯째, 나의 관심사를 바꿔보자

언젠가 우리 교회 권사님이 이런 말씀을 하셨다. TV에서 뉴스나 다른 프로그램을 볼 때, 혹은 인터넷으로 기사를 볼 때마다 화가 나고 비판이 쏟아진다는 것이다. 그래서 어느 순간, '이건 영적으로 나를 파괴하는 것'이란 생각이 들어서 보고 듣는 매체를 다 바꿨다고 한다. 찬양이 흘러나오는 유튜브 채널을 틀어놓고, 설교나 성경 통독을 계속 듣게끔 바꿨더니 마음에 은혜와 평안이 충만해졌다고 한다.

관심사를 바꾸는 게 중요하다. 자꾸 내 안에서 비판을 끓어오르게 하는 현장에서 나를 옮겨야 한다. 비판의 현장에 남아 있으면 비판이 우리 마음속에 들끓게 된다. 그러니까 정치, 사회 뉴스를 필요 이상으로 너무 많이 보고 그쪽으로만 귀를 기울이면 비판이 들끓을 수밖에 없다. 성경은 세상의 임금, 오늘날로 말하면 위정자들을 위해 기도하라고 했는데, 비판만 나오는데 어떻게 기도가 나오겠는가. 관심사를 바꿔야 한다. 자꾸 나의 비판을 자극하는 요소들을 차단하는 것이다. 대신 사랑의 말, 축복의 말을 줄 수 있는 관심사로 우리 눈과 귀와 마음과 현장을 채워야 한다. 무엇을 보고 듣고 집어넣느냐가 우리 영혼을 움직이게 되어 있다.

빌립보서 4장 8절에 이런 말씀이 있다.

끝으로 형제들아 무엇에든지 참되며 무엇에든지 경건하며 무엇에든지 옳으며 무엇에든지 정결하며 무엇에든지 사랑 받을 만하며 무엇에든지 칭찬 받을 만하며 무슨 덕이 있든지 무슨 기림이 있든지 이것들을 생각하라 빌 4:8

"이것들을 생각하라"라고 하는데, 이것이 관심사를 바꾸는 것이다. 무엇을 생각하라고 하는가? 참된 것, 경건한 것, 옳은 것, 정결한 것, 사랑받을 만한 것, 칭찬받을 만한 것들을 생각하라는 것이다. 우리 안에 은혜와 평안과 기쁨을 줄 수 있는 내용으로 우리 내면을 가득 채우길 바란다.

여섯째, 나는 하나님께 사랑받고 있는 자임을 잊지 말자

비판에 사로잡혀 있는 것은 내 속에 비방하는 마음, 판단하는 마음이 꽉 차 있기 때문이다. 이것을 극복하려면 내 마음이 중요하다. '나는 하나님께 사랑받고 있는 자'라는 걸 잊지 않고 계속 묵상하며 살 때, 비판을 넘어 사랑하며 용서할 수 있게 된다.

성경을 보면 하나님이 뭐라고 말씀하시는가?

'내가 너를 영원한 사랑으로 사랑한다.'

하나님의 사랑은 상황 때문에 변하지 않는다. 나의 모습 때문에도 변하지 않는다. 영원한 사랑으로 우리를 사랑하시는 하나님이시다.

어제도, 오늘도, 내일도 그 사랑이 나를 향해 부어지며, 내가 실패하고 부끄럽고 결핍된 모습을 보일지라도 그 사랑은 변함이 없다. 하나님이 세상을 이처럼 사랑하사 독생자를 주셨던 그 영원한 사랑으로 지금도 나를 사랑하신다.

하나님은 또한 우리에게 '너는 보배롭고 존귀하다'라고 말씀하신다. 사람은 아무도 내게 이렇게 말해주지 않지만, 하나님은 우리를 보며 '너는 보배롭고 존귀한 자다'라고 말씀해주신다. 하나님이 나를 보배롭고 존귀한 자라고 하시니, 나는 보배롭고 존귀한 자다. 그러니 어떻게 비판과 판단으로 내 마음을 가득 채울 수 있겠는가? 나는 보배롭고 존귀한 자인데. 내 안에 나를 귀히 여기시는 하나님의 말씀을 가득 채우면 다른 악한 것들이 들어올 공간이 없다.

코로나가 끝나고 중고등부 헌신 예배 때 아이들이 올린 스킷 드라마를 봤다. 그냥 보는 것만으로도 은혜가 되고, 먹지 않아도 배부르다는 말이 실감났다. 그때 올린 스킷 드라마가 〈너는 특별하단다〉였다. 청소년들이 보이는 것에 얼마나 예민한가? 끊임없이 세상과 비교하면서 '과연 나는 성공할 수 있을까? 내 얼굴은 왜 이럴까? 나는 왜 잘하는 게 없을까?'라고 하며 자존감이 떨어지곤 하는데, 그 드라마에서 이런 내용이 다뤄졌다.

여러 나무 사람 중에 한 나무 사람이 유난히 자랑할 만한 게 아무것도 없었다. 한 나무 사람은 정말 부유했고, 또 다른 나무 사람은 정말 아름다웠으며, 또 다른 나무 사람은 능력이 많았는데, 그 나무 사람은 내세울 만한 게 아무것도 없었다. 실망한 그 나무 사람은 어느 날 자신을 만든 목수 할아버지에게 찾아갔는데, 목수 할아버지는 그 나무 사람에게 이렇게 말해주었다.

"너는 내게 특별하단다. 너는 내게 존귀하고 보배롭단다."

그 나무 사람이 주인의 말을 들으니까 살아나기 시작했다. 전에는 사람들이 비방하는 점으로 몸이 꽉 차 있었는데, 그 점들이 다 떨어졌다. 그러자 친구들이 깜짝 놀랐다. '얘가 변했구나'라는 게 느껴졌기 때문이다.

이처럼 하나님이 우리를 어떻게 보시느냐가 중요하다. 다른 소리에 귀 기울일 필요가 없다. 우리 자녀들에게도 하나님이 자녀를 어떻게 보고 계시는지를 끊임없이 들려주어야 한다. 그럴 때 그들 안에도 비판과 비난의 소리가 사라지고, 영원한 사랑으로 그들을 사랑하시는 하나님의 음성만 가득하게 된다.

지금까지 나눈 여섯 가지 팁을 참고하여 비방과 비판을 넘어 사랑과 용서와 하나 되는 자리로 우리가 나아가게 되기를 바란다. 우리 마음이 하나님의 사랑과 우리를 존귀하고 보배롭게 여기시는 음성으로 가득하기를 바라며, 혹 우리 안에 형제의 단점이 보이고 비방하고자 하는 마음이 남아 있다면 하나님께서 하나님의 것들로 채워주시고 변화시켜주시기를 기도하자. 예수님의 사랑으로 가득 채워주시기를 구하자. 하나님이 새롭게 해주실 것이다.

창세기 3장 4-6절

4 뱀이 여자에게 이르되 너희가 결코 죽지 아니하리라 5 너희가 그것을 먹는 날에는 너희 눈이 밝아져 하나님과 같이 되어 선악을 알 줄 하나님이 아심이니라 6 여자가 그 나무를 본즉 먹음직도 하고 보암직도 하고 지혜롭게 할 만큼 탐스럽기도 한 나무인지라 여자가 그 열매를 따먹고 자기와 함께 있는 남편에게도 주매 그도 먹은지라

잠언 20장 19절

19 두루 다니며 한담하는 자는 남의 비밀을 누설하나니 입술을 벌린 자를 사귀지 말지니라

chapter 06

사탄이 사용한 최초의 공격 무기, 험담

나는 누구일까요?

내가 누구인지 맞춰보세요. 나에겐 정의가 중요하지 않습니다. 나는 사람들을 죽이진 않지만, 그들에게 심한 부상을 입힙니다. 마음에 큰 상처를 주고 명예를 훼손시킵니다. 나는 잔혹하고 무자비합니다. 내가 한 말이 인용될수록 나는 더 신용을 얻게 됩니다. 나는 사회의 모든 층에서 활약하고 있으며, 나의 피해자는 아무 힘을 쓸 수 없습니다. 그들은 나로부터 자신을 보호할 수가 없는데, 나에겐 정체도 얼굴도 없기 때문입니다. 나는 누구의 친구도 되지 않습니다. 내가 한 번 사람의 평판을 손상시키면 그는 더 이상 세상에서 이전처럼 보이지 못할 것입니다. 나는 정부도 무너뜨릴 수 있고 결혼도 망가뜨릴 수 있습니다. 나는 사람들의 커리어도 해칠 수 있고 교회도 난파시킬 수 있으며 크리스천들을 갈라놓을 수도 있습니다. 나로 인해 의심이 생길 것이고 불행도 따를 것입니다. 그리고 나로 인해 무죄한 수많은 사람들이 잠을 못 이루게 될 것이고, 자신의 눈물로 베개를 적시게 될 것입니다. 나는 그런 존재이기에 나의 이름마저 험하게 들릴 것입니다.

나의 이름은 험담입니다.

마음의 변화와 관련하여 이번 장에서는 '험담'에 대해 살펴보려고 한다. 험담을 영어로 하면 가십(gossip)이고, 우리말로 다르게 표현하자면 한담 내지는 헛소문이 된다. 주님의 공동체인 교회를 놓고 우리 안에서 주님께 가장 아픔을 주는 요소가 무엇일까 생각해보면, 험담으로 인해 지체들이 겪는 아픔일 것 같다.

우리는 험담에 대해 얼마나 무섭고 심각하게 생각하고 있는가? 세상의 대중매체나 인터넷 매체들을 보면 '가십'을 너무 쉽고 아무렇지도 않게 생각하는 것 같다. 연예인들의 가십을 다루는 프로그램들은 여전히 인기가 많고 사람들의 입에 오르내리며 화제가 된다. 대부분의 사람들이 가십, 즉 험담에 대해 그리 심각하게 생각하지 않는 것 같다.

크리스천인 우리도 마찬가지다. 지금까지 이 책에서 다뤘던 교만이나 탐심, 분노나 비판의 심각성은 그나마 어느 정도 인지하는 것 같은데, 그에 비해 험담은 너무 쉽고 가볍게 생각하는 경향이 있다.

나도 그랬다. 말씀을 준비하면서 깊이 묵상하기 전까지는 '험담은 옳지 않지. 경건한 생활에 도움이 안 되지' 정도로만 생각했지, 우리 마음에서 벗어버려야 하는 다른 것들과 같은 차원에서 생각하지는 않았던 것 같다.

그러나 마음의 변화를 위해 우리 마음에 자리 잡고 있는 문제들을 구체적으로 하나하나 살펴보는 가운데, 험담이 하나님 보시기에 얼마나 심각한 것인지를 깊이 깨닫게 되었다.

사탄이 사용한 첫 번째 공격 무기

사탄은 뱀을 통해 하와를 유혹했는데, 정확히 무엇으로 하와를 넘어뜨렸나 봤더니 '험담'이다. 하나님에 대한 험담으로 하와를 무너뜨리고 결국 아담까지 무너뜨린 것이다.

창세기 3장에 보면, 사탄인 뱀이 와서 하와를 유혹하는데, 먼저 이렇게 묻는다.

"하나님이 참으로 너희에게 동산 모든 나무의 열매를 먹지 말라 하시더냐?"

"동산 나무의 열매를 우리가 먹을 수 있으나 동산 중앙에 있는 나무의 열매는 하나님의 말씀에 너희는 먹지도 말고 만지지도 말라 너희가 죽을까 하노라"라고 대답하는 하와에게 뱀이 말했다.

"너희가 결코 죽지 아니하리라 너희가 그것을 먹는 날에는 너희 눈이 밝아져 하나님과 같이 되어 선악을 알 줄 하나님이 아심이니라."

이것은 단순한 거짓말을 넘어 험담이다. 그냥 거짓말이었으면 '아니야. 너희가 죽지 않을 거야. 너희가 그것을 먹으면 눈이 밝아져서 선악을 알게 될 거야'라고만 말했을 것이다. 그런데 사탄은 '너희가 선악을 알게 될 줄 하나님이 아셨기 때문에 먹지 말라고 하신 거야'라며 하나님을 험담했다. 전혀 다른 헛소문을 퍼뜨린 것이다. 그것으로 사람을 유혹하고 결국 쓰러지게 만들었다.

인류를 처음으로 공격했던 사탄의 무기가 바로 험담이었던 것이다. 하나님의 형상으로 창조된 인류는 이 일로 실족하여 하나님의 동산에서 쫓겨나게 되었다. 험담으로 인해 하나님과 하나님의 형상으로 지음받은 인간이 이간질당하여 분리되고 만 것이다. 이런 상황들을 보았을 때, 험담은 보통 심각한 게 아니다. 성경은 결코 험담을 가벼운 문제로 다루지 않는다. 이는 인류의 첫 실족을 일으킨 원인이 되었고, 그 결과 인류의 운명을 바꿔놓은 비극이 되었다.

불의한 인간을 내버려두셨더니 벌어진 일

신약성경 로마서 1장을 보면, 하나님을 거절하고 하나님의 법을 거절한 자들에 관한 말씀이 있다.

또한 그들이 마음에 하나님 두기를 싫어하매 하나님께서 그들을 그 상실한

마음대로 내버려 두사 합당하지 못한 일을 하게 하셨으니 곧 모든 불의, 추악, 탐욕, 악의가 가득한 자요 시기, 살인, 분쟁, 사기, 악독이 가득한 자요 수군수군하는 자요 롬 1:28,29

이 말씀은 창조주 하나님을 거부하고 하나님의 법을 거부한 사람들을 하나님께서 어떻게 심판하셨는지를 보여준다. 여기 보면, 하나님과 하나님의 법을 거절한 자들은 우선 마음에 하나님 두기를 싫어한 자들이었다. 역시, 마음이 문제다. 우리가 마음부터 변화되어야 하는 것은 결국 마음이 문제이기 때문이다.

타락한 마음에는 하나님을 모실 자리가 없다. 그래서 그들은 마음에 하나님 두기를 싫어했는데, 하나님은 그 상실한 마음을 그대로 내버려두셨다. 사실, 이것이 무서운 것이다. 하나님이 사랑으로 개입하고 간섭하셔야 소망이 있는데, 사람들이 너무 완고한 모습을 보인 나머지 하나님이 그냥 타락한 대로 살라고 놔두시는 것이다. 그러니 그들에게 무슨 소망이 있겠는가? 진짜 큰 문제인데, 문제인지도 모른 채 서로 죽고 죽이며 살아가는 것이 타락한 인생이다.

만약 오늘 우리에게 하나님이 마음에 감동과 감화를 주시고 회개의 마음을 주신다면 빨리 돌아와야 한다. 하나님이 아직까지 사랑으로 간섭하고 계시다는 증거다. 기회를 주실 때 빨리 돌아서야 한다.

사람들을 타락한 대로 살아가도록 그대로 뒀더니 어떤 일들이 벌어졌는가? 모든 불의, 추악, 탐욕, 악의가 가득하고, 시기와 살인,

분쟁과 악독이 가득했으며 수군수군하는 자들이 가득했다. 이때, '수군수군한다'는 것을 영어성경에서 보면 'gossip' 즉 험담이라고 나온다.

이 목록에 험담이 있다는 게 놀랍지 않은가? 사람들을 타락한 채로 그대로 놔뒀더니 불의, 추악, 탐욕, 악의, 분쟁, 살인까지 하는데 그 목록 안에 험담이 있다는 것은, 그만큼 하나님이 험담을 심각하게 보신다는 뜻이다.

험담은 사람을 죽이진 않지만 완전히 손상시킨다. 영혼을 완전히 무너뜨린다. 살인과도 같은 것이다. 그러니 하나님이 심각하게 보시는 것처럼 우리도 이 문제를 심각하게 볼 수 있어야 한다.

세상과 구별된 자들에게 주신 하나님의 명령

출애굽기를 보면, 앞부분에는 하나님이 어떻게 이스라엘 백성들을 애굽에서 인도해내셨는지에 대해 하나님이 역사하신 사건이 기록되어 있고, 뒷부분에는 하나님이 이스라엘 백성들에게 주시는 하나님의 법령과 규칙들이 기록되어 있다.

그 이유는 하나님이 이스라엘 백성을 애굽에서 구해내셨을 때, 그냥 구해내신 것이 아니라 큰 목적이 있으셨기 때문이다. 하나님은 그들로 하여금 하나님의 거룩한 백성, 제사장 나라로 세우고자 하셨다. 그래서 '사백 년 동안 너희가 애굽에서 살았지만 너희는 애굽 문화에 속한 자들이 아니다. 이제 가나안 땅에 들어가 살 텐데, 너희는 가나안 땅의 세속 문화에 속한 사람들도 아니다. 너희는 나의 백성이다. 그 나라의 가치관을 가지고 살아라'라고 하시며 주신 말씀이 십계명을 포함한 하나님의 율법과 계명들이다. 그 말씀들이 출애굽기 뒷부분부터 레위기, 신명기에 담겨 있다.

그중에 한 말씀이 출애굽기 23장 1절 말씀이다.

> 너는 거짓된 풍설을 퍼뜨리지 말며 악인과 연합하여 위증하는 증인이 되지 말며 출 23:1

세상에서 거룩하게 구별된 삶을 살아야 하는 하나님의 백성들에게 하나님이 요구하시는 것이 무엇인가? 거짓된 풍설을 퍼뜨리지 말라고 하신다. 즉, 험담하지 말라는 말씀이다. 그리고 더 나아가 악인과 연합하여 위증하는 증인이 되지 말라고 하셨다.

이는 적극적으로 험담하는 자가 되는 것뿐만 아니라, 험담하는 자의 말을 듣고 옆에서 가만히 있지도 말라는 뜻이다. 험담하는 것도 문제가 있지만 험담을 듣고도 가만히 있는 것 또한 문제다. 적극적으로도 험담하지 말고 소극적으로도 동참하지 말라고 하신다.

하나님은 험담에 대해 이렇게까지 말씀하신다. 이것이 우리를 향한 하나님의 법령이고 삶의 규칙이다.

망령되고 헛된 말을 버리라 그들은 경건하지 아니함에 점점 나아가나니 그들의 말은 악성 종양이 퍼져나감과 같은데 그 중에 후메내오와 빌레도가 있느니라 딤후 2:16,17

디모데후서는 목회서신으로, 하나님이 사도 바울을 통해 젊은 목회자 디모데에게 주신 말씀이다. 여기서 하나님은 "망령되고 헛된 말을 버리라"라고 하신다.

이 부분을 영어성경으로 보면 'Avoid godless chatter'라고 표현되어 있다. '속된 말을 하지 말라'는 뜻이다. 여기엔 물론 험담이 포함되어 있을 것이다. 그러니까 교회에서 속된 말을 하는 자들을 그냥 놔두지 말라는 것이다.

세상은 속된 말로 넘치고 있지만, 교회에 모인 우리는 은혜받은 이야기, 하나님이 주신 말씀, 도전받은 말씀을 나누며 서로 축복하고 격려하는 말들을 하자. 기도제목을 나누고 사랑의 안부를 전하는 말들을 하자. 속된 말을 계속하다가는 '경건하지 아니함'에 점점 가까워지게 된다. 하나님에게서 점점 멀어지게 된다는 것이다. 속된 잡담과 험담을 하는 사이에 우리의 영성은 점점 무너지고 하나님으로부터 멀어진다.

더 나아가 그 말들은 악성 종양처럼 퍼져나가게 된다. 악성 종양이 무엇인가? 암이다. 주님의 몸 된 교회를 암처럼 공격하는 것이 '헛된 말'이란 것이다. 이렇게 생각하니 얼마나 심각한지 알 것 같지 않은가? 하나님께서 그분의 아들의 핏값을 주고 사신 주님의 몸 된 교회를 암처럼 죽이는 요소가 속된 잡담, 헛소문, 험담이라는 것이다.

험담에 대한 우리의 반응

험담에 대해 좀 더 깊이 살펴보고 묵상하다 보니 결코 가볍게 생각하고 지나갈 수 없다는 사실을 깨달았다. 사탄이 인류를 공격하고 하나님으로부터 인간을 분리시키기 위해 사용한 무기가 험담이며, 하나님이 보시기에 불의와 탐욕과 살인과 같은 맥락에 있는 악한 죄가 험담이다.

하나님께서 구별하여 거룩하게 세운 백성들에게 버리라고 명령한 것이 험담이며, 이는 주님의 몸 된 공동체에 암과 같이 치명적인 요소라고 말씀하셨다.

대단히 심각하고 무섭게 지적하는 말씀이다. 그렇다면 우리는 이 말씀 앞에서 어떻게 반응해야 하겠는가?

"진심으로 회개합니다!"

이 말씀 앞에 우리가 보여야 할 첫 번째 반응은 진심으로 회개하는 것이다.

'주님, 이 정도인 줄 몰랐습니다. 저도 그동안 험담에 참여했고, 험담을 퍼뜨리기도 했으며, 험담 듣기를 좋아했습니다. 루머를 퍼뜨리는 게 큰 문제인 줄도 몰랐습니다. 하나님, 적극적으로 험담을 한 적도 있었고, 소극적으로 험담을 듣고도 아무것도 하지 않고 허위 증인처럼 서 있을 때도 많았습니다. 이제 말씀을 통해 보여주시니 주님, 회개합니다. 하나님 앞에 죄인으로 살았습니다.'

이런 진실한 회개가 있어야 한다. 우리에게 애통하는 마음이 없으면 돌아설 수 없다. 주님은 애통하는 자가 복이 있다고 말씀하셨다. 애통해야 고침받을 수 있고 채움받을 수 있기 때문이다. 애통함으로 회개해야 한다.

잠언에 보면 말과 관련한 재미있는 표현들이 많이 있는데, 그중 하나가 이것이다.

> 남의 말 하기를 **좋아**하는 자의 말은 별식과 같아서 뱃속 깊은 데로 내려가느니라 잠 26:22

하나님은 정말 우리의 배 속까지 꿰뚫어 보고 계신 것 같다. 이런 경험이 다 있지 않은가? 다른 말을 할 때는 졸려도 남을 험담할 때는 맛있는 별식을 먹을 때처럼 배 속으로 쏙쏙 내려가는 것 같다. 그런 우리의 모습을 하나님이 알고 계신다. 알고 계시기 때문에 말씀으로 경고하시는 것이다. 그러니 주님의 경고와 권면의 말씀 앞에서 우리는 가장 먼저 회개부터 해야 한다. 우리가 죄를 자백하고 회개하면 하나님은 미쁘시고 의로우사 우리를 모든 죄에서 씻어주실 줄 믿는다.

하나님의 사람 다윗은 시편 139편을 마치며 하나님께 이렇게 간구했다.

하나님이여 나를 살피사 내 마음을 아시며 나를 시험하사 내 뜻을 아옵소서
내게 무슨 악한 행위가 있나 보시고 나를 영원한 길로 인도하소서

시 139:23,24

'하나님, 저를 살펴주세요. 제 마음을 하나님은 아십니다. 저를 시험하사 제 뜻을 아옵소서. 고의적으로 죄 지은 것은 보이지만 수동적으로 죄짓고 험담하고 들었던 것은 안 보이는데 말씀과 성령으로 제 마음을 깨우쳐주소서.'

이렇게 기도하며 회개하는 것이 첫 단계다.

"이제 험담의 습관을 버리겠습니다!"

둘째로 우리가 보여야 할 반응은, 험담의 습관을 버리기로 결단하는 것이다. 마음으로 회개하는 것은 물론 중요하다. 하지만 회개하는 것으로 끝나면 안 된다. 회개의 열매로 우리의 행위가 따라야 하는 것이다.

"험담이 이 정도로 심각한 문제란 사실을 몰랐습니다. 이제 험담의 습관을 버리겠습니다."

하나님 앞에서 이렇게 결단해야 한다. 나부터 험담의 문화를 바꾸고, 험담의 악순환을 끊는 삶을 살겠다고 결단해야 한다. 적극적으로 버리는 것이 중요하다. 우리가 마음의 주인을 바꾸고 마음을 변화시켜 성숙을 향해 나아가기 위해 가장 먼저 해야 할 것이 '벗어버리는 것'이기 때문이다.

골로새서 3장에서 주님은 '옛 사람과 그 행위를 벗어버리라'고 말씀하신다. 먼저 벗어버리지 않으면 예수님의 새 사람의 형상을 입을 수 없다. 나의 옛 사람을 버리지 않고, 내가 변하지 않은 상태로는 아무리 예수의 옷을 입을지라도 속에서 썩는 냄새가 계속 나기 때문이다. 도리어 겉에 입고 있는 새 옷까지 망가뜨릴 수 있다.

그러니 벗어버림 없이 경건을 쌓고 훈련을 쌓고 사역을 하고 직분을 맡는 것은, 겉으로만 번지르르해지고 속은 계속해서 썩어가는 부작용을 낳는다. 마음의 변화가 있으려면 무엇보다도 먼저 우리 옛 사람의 습관을 벗어버려야 한다.

이제는 너희가 이 모든 것을 벗어버리라 곧 분함과 노여움과 악의와 비방과 너희 입의 부끄러운 말이라 너희가 서로 거짓말을 하지 말라 옛 사람과 그 행위를 벗어버리고 새 사람을 입었으니 이는 자기를 창조하신 이의 형상을 따라 지식에까지 새롭게 하심을 입은 자니라 골 3:8-10

험담이 있는 자리에서 우리부터 적극적으로 멈추고 돌아서라. 직접 보고 듣고 목격한 것이 아니라면 이런 말을 해선 안 된다고 우리가 멈춰 세워야 한다. 그리고 내 안에서 그런 마음이 든다면 나를 향해 멈추라고 명령해야 한다. '내 영혼아 멈춰라'라고 단호하게 선포해야 한다. 그렇게 우리의 옛 습관, 험담의 습관을 벗어버려야 한다.

험담을 듣게 되었다 해도 내가 말하지 않으면 끝나는 것이다. 나에게서 멈추게 하라. 이렇게 적극적으로 멈추는 것이 벗어버리는 것이다.

"육신을 따라 살지 않고 성령을 따라 살겠습니다!"

셋째로, 우리는 육신이 아니라 성령을 따라 살아야 한다. 험담은 육신을 따라 사는 것이다. 또한 나에 대한 험담을 들었을 때 육신을 따라 사는 것은 보복하는 것이다. 험담을 험담으로, 루머를 루머로 갚는 것 또한 육신을 따라 사는 것이다. 우리는 그렇게 육신을 따라 살면 안 된다. 성경은 성령을 따라 살라고 말씀한다.

로마서 8장을 보면 어떻게 사는 것이 성령을 따라 사는 것인지 자세히 나와 있다.

육신을 따르는 자는 육신의 일을, 영을 따르는 자는 영의 일을 생각하나니 육신의 생각은 사망이요 영의 생각은 생명과 평안이니라 롬 8:5,6

우리가 육신대로 살면 하나님을 기쁘시게 할 길이 전혀 없다.

역사는 예수님의 탄생을 기점으로 B.C.(Before Christ, 기원전)와 A.D.(Anno Domini, 기원후)로 나뉘는데, 이것이 역사에만 있을 게 아니라 우리 삶에도 있어야 한다. 예수 그리스도를 만나기 전과 만난 후가 분명하게 다른 우리 삶의 기점이 있어야 한다.

예수님을 만나기 전에는 육신을 따라 살았다. 육신을 입고 사는 우리로서는 육신을 따라 사는 것이 자연스러운 일이다. 육신을 따라 살 수밖에 없는 것이 우리의 자연스런 옛 모습이다.

그러나 이제는 다르다. 누구든지 그리스도 예수 안에 있는 자에게는 생명의 성령의 법이 우리 안에서 작동하기 시작했기에 이제는 성령을 따라 살아가는 것이다. 성령이 우리에게 주어졌기에 우리는 성령의 생각에 지배받으며 살아가기 시작했다.

사람은 생각하는 대로 산다. 육신의 일을 생각하면 사망을 따라 갈 것이고, 성령의 일을 생각하면 하나님이 주시는 생명과 평안을 따라 살게 될 줄 믿는다.

예수를 죽은 자 가운데서 살리신 이의 영이 너희 안에 거하시면 그리스도 예수를 죽은 자 가운데서 살리신 이가 너희 안에 거하시는 그의 영으로 말미암아 너희 죽을 몸도 살리시리라 롬 8:11

이 말씀을 믿으라! 허물과 죄로 죽었던 우리의 몸이 예수를 죽은 자 가운데서 살리신 하나님의 영으로 말미암아 우리의 죽을 몸도 살려주실 줄 믿는다. 이렇게 살 때 험담의 악순환을 끊을 수 있다.

"형제를 세우고 살리는 말을 하겠습니다!

우리가 보여야 할 네 번째 반응은 형제를 세우고 살리는 말을 하
는 것이다. 말이 중요하다. 험담은 결국 말의 문제고 언어의 문제다.
말하지 않으면 되는데, 말을 했기 때문에 죄를 짓는 것이다. 잠언에
험담에 관한 이런 말씀도 있다.

나무가 다하면 불이 꺼지고 말쟁이가 없어지면 다툼이 쉬느니라 잠 26:20

나무가 다 타서 없어지면 더 이상 불탈 게 없는 것처럼, 말쟁이가
없어지면 우리 안에 다툼과 혼란이 끝난다는 것이다. 그러니 우리가
험담의 문제를 적극적으로 바꾸려면 우리의 말이 바뀌어야 한다. 말
은 곧 인격이고 영성이다.

예수님은 말씀으로 오셨다. 우리는 은혜와 진리로 충만한 예수님
의 모습을 닮아야 한다. 성경은 그래서 말에 대해 굉장히 중요하게
강조하고 있다.

도둑질하는 자는 다시 도둑질하지 말고 돌이켜 가난한 자에게 구제할 수 있
도록 자기 손으로 수고하여 선한 일을 하라 무릇 더러운 말은 너희 입 밖에
도 내지 말고 오직 덕을 세우는 데 소용되는 대로 선한 말을 하여 듣는 자들

에게 은혜를 끼치게 하라 엡 4:28,29

더러운 말, 즉 험담같이 아무런 득이 없는 말을 입 밖에 내지 말고 오직 덕을 세우는 데 필요한 말을 하라는 말씀이다. 그래서 듣는 자들에게 은혜를 끼쳐야 하나님께서 은혜로 우리를 축복하시고, 우리와 함께하는 자들을 축복하신다.

말이 열매가 되는 것이다. 우리가 악한 말을 하면 주위 사람들에게 악한 열매가 맺히는 것이고, 선한 말을 하면 주위 사람들에게 은혜의 열매가 맺히게 되는 것이다.

험담은 끌어내리는 말이며, 죽이는 말이다. 우리는 반대로 살리는 말, 축복하는 말, 세워주는 말을 해야 한다. 그럴 때 하나님의 은혜가 우리 모두에게 임할 줄 믿는다.

다윗은 자신이 말로 하나님 앞에 실수했음을 깨달았을 때 이렇게 고백했다.

여호와여 내 입에 파수꾼을 세우시고 내 입술의 문을 지키소서 시 141:3

우리도 이 고백을 하나님께 올려드리자. 우리의 입술에 파수꾼을 세워주셔서 험담과 악한 말을 멈추고 하나님의 형상으로 지음 받은 형제자매들을 향해 살리는 말, 축복하는 말을 하게 해달라고 간구하자. 말이 바뀌어야 한다. 아름다운 말이 우리의 인격이고 영성이다. 우리가 형제를 세우고 살리는 말의 소유자가 되기를 간절히 바란다.

골로새서 3장 7-10절

7 너희도 전에 그 가운데 살 때에는 그 가운데서 행하였으나 8 이제는 너희가 이모든 것을 벗어 버리라 곧 분함과 노여움과 악의와 비방과 너희 입의 부끄러운 말이라 9 너희가 서로 거짓말을 하지 말라 옛 사람과 그 행위를 벗어 버리고 10 새사람을 입었으니 이는 자기를 창조하신 이의 형상을 따라 지식에까지 새롭게 하심을 입은 자니라

잠언 3장 5,6절

5 너는 마음을 다하여 여호와를 신뢰하고 네 명철을 의지하지 말라 6 너는 범사에 그를 인정하라 그리하면 네 길을 지도하시리라

chapter 07

남을 속이려다가 내가 속는, 거짓말

거짓말하는 옛 사람을 벗어버리라

당신은 거짓말에 대해 그 심각성을 얼마나 인지하며 살아가고 있는가? 솔직히 우리가 사는 이 사회는 거짓말을 그리 심각하게 생각하지 않는 것 같다. 부모님과 학교 선생님들은 어릴 때부터 '정직하게 살아라. 거짓말하지 말아라'라고 수시로 가르치지만, 사회가 돌아가는 모습을 보면 어느 정도 거짓말하는 것은 어쩔 수 없는 것 같다. 도리어 센스 있게, 그럴듯하게 적당히 속이며 자신의 이익을 챙길 수 있다면 그것을 능력이라고 보는 경향도 있다.

하지만 성경은 다르게 말씀한다. 하나님은 거짓말에 대해 무게감을 가지고 우리에게 말씀하신다. 본문인 골로새서 3장을 보면, 이 사실이 명확하게 설명되어 있다.

너희도 전에 그 가운데 살 때에는 그 가운데서 행하였으나 이제는 너희가

119

이 모든 것을 벗어버리라 곧 분함과 노여움과 악의와 비방과 너희 입의 부끄러운 말이라 너희가 서로 거짓말을 하지 말라 옛 사람과 그 행위를 벗어버리고 새 사람을 입었으니 이는 자기를 창조하신 이의 형상을 따라 지식에까지 새롭게 하심을 입은 자니라 골 3:7-10

7절에 보면 "너희도 전에 그 가운데 살 때에는 그 가운데에서 행하였"다고 한다. 전에는 이 세상의 시스템과 풍조를 따라 사는 것이 당연했던 게 우리의 인생이었다. 그런데 8절을 보니 "너희가 이 모든 것을 벗어버리라"라고 하면서 무엇을 벗어버려야 하는지 구체적으로 몇 가지 목록을 주시는데, 곧 분함과 노여움과 악의와 비방과 부끄러운 말이다. 그리고 9절에서는 조금 더 강조하면서 "서로 거짓말을 하지 말라"라고 분명하고 단호한 문장으로 말씀하신다. 8절에선 목록으로 말씀하셨지만 9절에선 구체적인 문장으로 직접적으로 말씀하신 것이다.

그리고 '옛 사람과 그 행위를 벗어버려라. 너희는 새 사람을 입은 자들이다. 우리를 창조하신 이를 따라 지식에까지 새롭게 된 자들이다'라고 말씀이 이어진다.

'지식에까지 새롭게 되었다'라는 게 무슨 뜻인가? 우리의 중심을 가리키는 것이다. 우리의 삶 전체를 주관하는 중심까지도 새로워진 사람들이라고 말씀하는 것이다. 사람은 본능으로 사는 짐승과는 다르게 생각하면서 사는 존재인데, 그 생각까지 새로워진 사람들이라고 말씀하시는 것은 우리의 삶을 주관하는 중심까지 새로워진 사람들이라는 것이다. 즉, 우리의 중심부터 새롭게 되는 것이 우리를 향한 하나님의 뜻인데, 그러려면 반드시 벗어버려야 하는 여러 요소들이 있고, 그중 거짓말하는 것을 특히 벗어버리라는 것이다.

가장 먼저 버려야 하는 옛 모습

같은 메시지가 에베소서에서도 명확하게 전해지고 있다.

> 너희는 유혹의 욕심을 따라 썩어져 가는 구습을 따르는 옛 사람을 벗어버리고 오직 너희의 심령이 새롭게 되어 하나님을 따라 의와 진리의 거룩함으로 지으심을 받은 새 사람을 입으라 엡 4:22-24

같은 맥락에서 주시는 말씀인데, 에베소서 말씀이 조금 더 구체적이다. 구습을 따라 살았던 옛 모습을 버리고 "하나님을 따라 의와 진리의 거룩함으로 지으심을 받은 새 사람을 입으라"라고 한다. 그러면서 새 사람을 입은 모습이 어떤 모습인지 25절부터 구체적으로 설명하고 있다. 가장 먼저 강조하는 것이 무엇인지 보라.

> 그런즉 거짓을 버리고 각각 그 이웃과 더불어 참된 것을 말하라 이는 우리가 서로 지체가 됨이라 엡 4:25

가장 먼저 벗어버려야 하는 우리의 옛 모습은 바로 거짓말하는 것이며, 대신 가장 먼저 입어야 하는 모습이 참된 것을 말하는 것이라고 말씀한다.

성경은 이 정도로 거짓말하는 모습에 대해 심각하게 지적한다. 우리가 어릴 때부터 부모님이나 선생님에게 배우듯이 단순하게 윤리적이거나 도덕적인 차원에서 '세상을 참되게 살아라' 정도가 아니다. 예수 그리스도 안에서 새롭게 지음 받은 사람이라면 이것부터 변해야 한다는 것이다.

구약 시편에도 이런 말씀이 있다.

여호와여 주의 장막에 머무를 자 누구오며 주의 성산에 사는 자 누구오니이까 시 15:1

시편 기자는 지금 하나님과 동행하는 자, 하나님의 장막에 머무르며 주의 성산에 사는 자가 과연 누구인지를 질문하고 있는데, 곧 하나님과 깊이 교제하며 주님을 따라 사는 자들이 누구냐고 묻는 것이다. 이 질문에 가장 먼저 주시는 말씀이 이것이다.

정직하게 행하며 공의를 실천하며 그의 마음에 진실을 말하며 시 15:2

이 정도면 하나님께서 거짓말을 하지 말 것에 대해 보통 강조하시는 것이 아니다. 그렇지 않은가?

지금까지 살펴본 성경 구절을 통해서만 봐도 하나님의 뜻이 매우 명확하게 전달되고 있다. 하나님의 백성으로서 거짓말을 가장 먼저 벗어버려야 한다는 것이다. 참된 것을 말하며 사는 것이 하나님의 진리와 의와 거룩함으로 변화 받은 사람들의 모습이라고 하신다.

나를 드러내고 부각시키고 싶은 마음

나는 이 말씀들을 묵상하면서 나의 모습과 오늘날 크리스천들의 모습을 돌아보았다. 우리가 어떤 면에서 쉽게 거짓말을 하거나 진실을 왜곡하며 살고 있는가, 왜 쉽게 거짓된 것을 말하고 붙잡으며 살아가는가를 생각해보았다.

구체적이고 깊은 돌아봄이 없으면 이 말씀들은 큰 영향력 없이 '거짓말하지 말고 선하게 살자'라는 도덕적인 외침에 불과할 것이다. 그러나 우리 내면을 좀 더 구체적으로 살펴보면서, 우리가 어떤 면에서 알게 모르게 거짓을 말하며 사는지 생각해볼 필요가 있다.

그렇게 묵상하는 가운데 내 마음에 깊이 와닿은 게 있었다. 바로 자기 자신을 부각시키려는 모습이다. 우리는 우리 자신을 세상 사람들 앞에서, 때로는 하나님 앞에서조차 드러내고 부각시키기 위해 과장할 때가 많다. 나에게도 있고, 우리 모두에게 다 있는 모습이다. 그러나 이것은 진정한 모습이 아니다.

연예인이나 유명인들이 학력을 부풀리거나 위조한 것이 들통나서 사회적으로 큰 물의를 일으키고 이슈가 된 적이 종종 있다. 하지만 이런 모습은 그들이 유명 인사라서 더 크게 문제가 된 것이지, 자신의 모습을 과장하려는 모습은 우리 모두에게 비일비재하다.

학력이나 경력 같은 것들을 조금 부풀려서 승진이나 취업에 이익을 얻고자 하는 마음이 없는 사람이 어디 있는가? 우리는 다 자기를 과장하고 부풀려서 부각시키려고 한다. 약력을 있는 그대로 쓰려 하지 않고 어떻게 해서든 조금이라도 과장하려고 애쓴다.

게다가 요즘엔 SNS를 통해 자신의 모습을 포장하거나 과장된 모습으로 드러내는 경우가 정말 많다. 실제로는 경제적으로 어려운데도 불구하고 비싼 레스토랑에 가서 근사한 식사를 하는 모습을 찍어 올린다거나, 좋은 것, 비싼 것을 가지고 있는 척하며 내 형편보다 더 과장하여 드러낸다. 가진 척, 이룬 척, 그런 척하며 사는 모습들이다. 하나님을 믿는 우리에게도 이런 모습이 있다.

이런 모습을 보면 '거짓을 벗어버리라'는 말씀이 이론적인 말씀이 아니구나'라는 걸 절실히 깨닫게 된다. 그러면서 내 안의 거짓을 벗어버리기 위해선 더 구체적으로 봐야 한다는 사실도 알게 된다.

전문가들은 이런 모습, 즉 없는 것을 있는 척, 부족한 것을 많은 척하며 사는 모습이 더 심각해지면 나중에는 스스로 그런 모습이 진실인 것처럼 생각하게 된다고 한다. 남들을 속이다가 자신도 속아버리게 되는 것이다. 이것을 '리플리 증후군'이라고 한다. 자신이 꾸민 허상을 진짜처럼 착각하며 살게 된다는 것이다.

정직하고 참된 것을 말하는 자들이 하나님의 성산에 거할 수 있다고 했는데, 우리가 자신도 모르는 사이에 이런 거짓에 빠져 있으면 어떻게 하나님과 깊은 관계를 맺을 수 있겠는가?

물에 개구리를 집어넣고 천천히 물을 끓이면 나중에는 물이 뜨거워져도 개구리가 나오지 못한다고 한다. 천천히 따뜻해져가는 물에 익숙해져서 자신이 죽어가는 것도 모르는 것이다. 이렇게 거짓말하면서 허위로 포장한 모습을 진실로 착각하며 산다면 우리가 잃는 게 얼마나 많겠는가?

가장 먼저는 하나님과의 관계를 잃게 되고, 또 사람들과의 관계도 잃게 된다. 관계는 신뢰를 바탕으로 하기 때문이다. 신뢰가 깨지면 어떻게 그 사람과 동료가 될 수 있고 친구가 될 수 있겠는가? 심지어 가족 간에도 신뢰가 깨지면 관계를 이어가는 게 어렵다. 한두 번 실수하는 것은 가족으로서 받아줄 수 있겠지만, 몇 년에 걸쳐 지속적으로 속아왔다는 것을 알면 아무리 가족이라도 그 배신감이 얼마나 큰지 모른다. 이렇게 거짓을 말하고 속이는 것은 하나님과의 관계뿐 아니라 인간 관계도 깨뜨리게 되어 있다.

그리고 우리가 믿는 자로서 주님의 품격을 가지고 살 수가 없게 된다. 품격이란 것은 우리의 양심에서 비롯되는 것인데, 거짓말을 할 때마다 양심이 손상을 받기 때문이다. 사람은 로봇이 아니기 때문에 양심이 손상을 받게 되어 있다. 양심이 손상을 받으니 세상에서 어떻게 품격 있는 삶을 살며 빛과 소금 된 삶을 살 수 있겠는가? 이것은 하나님의 영광을 위해서도, 우리 가정을 위해서도, 나 자신을 위해서도 반드시 해결하고 변화되어야 할 문제이다.

속이는 자였던 야곱

나는 그런 측면에서, 야곱을 이야기해보려고 한다. 야곱은 어머니의 태중에서부터 하나님의 부르심을 받은 자였다. 하나님은 야곱을 부르시면서 아브라함의 하나님, 이삭의 하나님이 이제 야곱의 하나님이 되어주시겠다고 약속하시며 그를 통해 그분의 계획을 펼치시겠다고 어머니의 배 속에서부터 언약을 주셨다.

그렇게 야곱은 하나님의 언약 가운데서 태어났는데, 하나님의 말씀으로 자신을 보지 못했다. 하나님의 눈으로 자신을 보지 못하니까 결국 그의 눈에 보인 것은 자신의 결핍이었다. 그는 장남이 아닌 쌍둥이 중 차남으로 태어났다. 성경에 보면, 그가 형의 뒤꿈치를 잡고 나왔다고 기록하고 있는데, 단 몇 분 차이로 동생이 되어버린 것이 얼마나 안타까웠겠는가?

당시 사회 제도는 모든 것이 장자 중심으로 이루어져 있었기에, 성취욕이 강했던 야곱은 그런 사회 제도 안에서 둘째로 태어난 자신의 처지가 삶을 봉쇄해버리는 결핍으로만 보였다. 하나님의 말씀으로 자신을 보지 못하고 세상의 눈으로 자신의 결핍만 보니, 야곱은 하나님과 동행하지 못했다. 분명히 하나님의 약속이 있었고, 하나님의 말씀이 있었는데, 그는 하나님과 동행할 수 없었다. 속임수를 사용해서라도 어떻게든 자신의 결핍을 해결하고 극복하려고 했기 때문이다.

때를 기다리던 야곱은 에서가 방심한 틈을 타서 모략을 통해 그를 속여 장자권을 빼앗았다. 또 아버지가 나이가 들어 눈이 침침해졌을 때 에서처럼 변장하고 아버지에게로 가서 장자의 축복을 가로챘다. 그 일로 야곱은 에서를 피해 외삼촌 라반의 집으로 가야 했지만, 야곱의 인생은 어떻게 보면 승승장구였다. 거짓말을 통해 자신을 위장하여 결핍을 가리고 가진 것을 부풀리며 자신의 뜻대로 이뤄나갔다. 그러던 어느 날, 야곱에게 큰 위기가 다가온다. 더 이상 자신의 계산이나 속임수로는 감당할 수 없는 문제가 생긴 것이다.

한계점에서 터닝포인트를 만나다

야곱은 외삼촌 라반의 집을 떠나 큰 가족과 가축 떼를 이끌고 고향으로 가고 있었다. 그런데 이 소식을 들은 형 에서가 사백 명을 이끌고 야곱을 만나러 오고 있다는 것이다. 아마도 오래전 자신과 아버지를 속여 장자권을 빼앗은 동생 야곱을 향한 분이 안 풀려서 그를 죽이기 위해 오고 있는 것일 거다.

그때 야곱이 깨달았다.

'지금까지 내 머리로 속임수를 쓰고 꾀를 쓰며 버텨왔는데, 이제 더

는 갈 데가 없구나. 이제 끝났구나.'

지금까지 자신의 모략과 거짓말과 속임수로 버텨왔고, 더 나아가 승승장구하며 살아왔지만, 이제 모든 것이 무너질 수밖에 없는 운명의 순간을 맞이한 것이다. 야곱은 자신이 한계점에 다다랐음을 보았다.

성경을 보면, 이때 비로소 야곱이 하나님께 부르짖기 시작했다. 그리고 얍복강 나루에서 밤새도록 하나님의 사자와 씨름하며 축복을 구했다. 나중에 알고 보니, 그분이 하나님 자신이었다. 야곱이 하나님과 밤새도록 씨름하며 간구하는데, 하나님이 그때 야곱을 어떻게 하셨는가? 허벅지 관절을 상하게 만드셨다.

야곱의 터닝포인트가 바로 이때였다. 개역한글성경에는 '환도뼈를 치셨다'라고 되어 있는데, 환도뼈가 끊어졌다는 것은 이제 사람의 도움을 받지 못하고는 제대로 서서 걸을 수도 없는 인생이 되었다는 것이다. 지금까지는 자신의 결핍을 어떻게 해서든지 숨기고 위장하고 위조하며 살아왔는데, 그런 삶이 한계에 부딪힌 순간 하나님에 의해 이제 더 이상 숨기려야 숨길 수 없는 결핍이 생겨버렸다. 제대로 걸을 수도 없는데 무엇을 어떻게 숨길 수 있겠는가? 이젠 자신의 결핍을 그대로 받아들이고 자신의 진정한 모습을 그대로 세상에 보이며 살 수밖에 없게 된 것이다.

바로 그 순간, 야곱은 하나님의 은혜를 발견하게 된다. 지금까지는 자신의 모습을 그대로 받아들일 수 없었기에 자신을 하나님께 드릴 수도 없었는데, 자신의 결핍을 받아들이고 살 수밖에 없음을 인정하고 그 모습 그대로 하나님 앞에 나아가게 되자, 하나님이 그에게 은혜를 부어주셨다.

모략의 사람에서 은혜의 사람으로 변화되다

지금까지는 자신의 꾀와 모략으로 성공을 추구하던 야곱이 이제부터는 자신의 결핍을 인정하고 하나님 앞에 나아가 하나님의 은혜로 사는 은혜의 사람이 되었다.

나중에 야곱은 하나님과 씨름했던 그곳을 '브니엘'이라고 이름 붙였다. '내가 하나님과 대면하여 보았으나 내 생명이 보전되었다'라는 뜻이다. 야곱은 밤새 자신과 씨름하던 분이 하나님이심을 깨달았다. 피조물이 창조주의 영광을 보면 살아남을 자가 아무도 없다. 야곱은 자신이 밤새도록 하나님과 씨름하며 그분의 얼굴을 보았는데도 불구하고 살아남은 것이 은혜임을 깨달았고, 그 은혜를 붙잡게 되었다.

그렇게 야곱은 그곳에서 은혜의 사람으로 변했다. 그리고 그때 하나님은 야곱에게 '이스라엘'이라는 새 이름을 주신다. 이제 한 나라의 아비가 될 수 있는 자가 되었다고 하나님이 인정해주신 것이다.

지금 살펴보고 있는 주제와 관련하여, 야곱 이야기의 핵심은 이것이다. 아무리 하나님의 언약이 있고 약속이 주어졌어도, 우리가 자신을 정직하게 받아들이지 못하면 하나님 앞에 온전히 드릴 수 없다는 것이다. 자신의 모습을 정직하게 받아들이고 결핍된 모습 그대로 하나님과 세상 앞에 나아갈 때, 그때 비로소 하나님의 은혜의 사람이 될 수 있으며, 하나님의 새로운 그릇이 될 수 있다.

이 말씀을 통해 오늘날 자신을 부풀리고 위장하며 왜곡하고 살아가는 모습을 벗어버리고 하나님의 새로운 은혜의 사람이 되기를 사모하길 바란다.

그날 야곱은 그동안 오해했던 하나님의 모습을 새롭게 깨달았다. 그래서 있는 모습 그대로 하나님 앞에 나아갈 수 있었다. 야곱이 깨달았던 하나님의 모습은 어떤 모습이었는가? 그날 야곱이 하나님에 대해 깨달았던 것들을 우리도 깨닫기를 바라는 마음으로, 그날 야곱이 깨달았고 지금 우리가 깨달아야 하는 하나님의 은혜를 세 가지로 정리해보았다.

있는 모습 그대로 받아주시는 하나님

첫째로, 하나님은 우리의 모습 그대로를 사랑하고 받아주시는 분이다. 야곱은 얍복강 나루에서 이것을 깨달았다.

이전까지 야곱은 자신에게 장자권이 없으면 인생의 의미가 없다고 생각했다. 그래서 속여서라도 이 결핍을 없애려고 애를 썼다. 그런 야곱이 그날 '하나님은 내 모습 그대로 사랑하시고 받아주시는 분'

이라는 걸 깨달았다.

예수님이 우리를 어떻게 부르셨는가? "수고하고 무거운 짐 진 자들아 다 내게로 오라"(마 11:28)라고 하셨다. 예수님은 수고하고 무거운 짐 진 채로, 상처받고 무너지고 낙심한 우리를 있는 모습 그대로 나아오라고 부르신다. 우리가 주님께 나아갈 때 주님은 지쳐있는 모습 그대로 받아주시고 쉬게 해주신다. "내가 너를 지명하여 불렀나니 너는 내 것이라"(사 43:1)라고 말씀해주신다. 하나님은 내 모습 그대로 받아주시는 분이다.

미국에서 자라면서 한때 나는 이런 공상을 하곤 했다. 내 아버지가 미국 사람이고, 나에게 미국 이름과 성이 있고, 미국 사람들 틈에서 자연스럽게 사는 내 모습을 말이다. 나 자신을 그대로 받아들이기가 꺼려졌던 나의 어린 마음이었다. 아마도 소수 민족으로 살아보지 않은 사람은 이해하기 힘든 감정일 것이다.

미국에서 한국인으로 살다 보니 어릴 때부터 나의 결핍이 내 눈에 보였다. 오죽하면 그런 결핍 없는 존재를 꿈꾸며 살았을까. 내가 계속해서 그런 결핍을 끌어안고 살았으면 사회적으로 폐인이 되었거나 나를 있는 모습 그대로 받아들이지 못하고 나 아닌 다른 모습을 끊임없이 추구했을 것이다. 분명한 것은 절대로 건강한 사람으로 성장하지는 못했으리라는 것이다.

그런 나에게 터닝포인트는 하나님이 내 모습 이대로를 사랑하시고 받아주신다는 것을 진정으로 믿고 받아들였을 때 일어났다. 나는 예수님을 믿지 않는 가정에서 자랐기에 예수님을 몰랐다. 그러다 예수님을 만나고 예수님 안에서 하나님을 아버지를 알게 되고, 그분의 말씀을 받아들이면서 그런 내 결핍이 해결되었다. 하나님이 내 모습 그대로를 사랑하시고 존귀하고 보배롭게 여기신다는 말씀이 믿어졌다. 성령께서 믿게 하신 것이다. 그러자 더 이상 다른 사람이 될 필요가 없어졌다.

'하나님은 나의 결핍을 결핍으로 보시지 않는구나. 나는 보배롭고 존귀한 사람이구나.'

이 확신이 생기자 예민했던 사춘기 시절도 잘 지나갈 수 있었고, 성인이 되어 나의 부족함 때문에 자꾸만 낙심할 수밖에 없던 때에도 이 진리 덕분에 다시 일어날 수 있었다.

이 확신이 우리 모두에게 있기를 바란다. 하나님은 우리를 보배롭고 존귀하게 보신다. 하나님이 그렇게 보시니, 우리는 보배롭고 존귀한 자들이다. 그러니 더 이상 자신을 부족한 것만 많은 사람이라고 여기지 말라. 없는 것을 보지 말고 있는 것을 보기 바란다. 가장 중요한 것은 하나님이 우리를 어떻게 보시는가이다.

하나님이 '내가 너를 지명하여 불렀다. 너는 내 것이다. 너는 내게 보배롭고 존귀한 자다'라고 말씀해주신다. 하나님이 우리를 보배롭고 존귀하게 보시기 때문에 우리는 더 이상 자신을 위조하고 위장하거나 과장할 필요가 없다. 거짓을 말하고 진실을 왜곡해서 아닌 것을 그런 척하거나 없는 것을 있는 척할 필요가 없다. 내 모습 이대로 하나님이 존귀히 여겨주신다. 나는 존귀한 자다. 이 진리가 우리를 자유롭게 하며, 담대하게 해준다. 그 자유가 있기를 주님의 이름으로 축복한다.

우리의 약함을 통해 도리어 능력을 나타내시는 하나님

둘째로, 하나님은 우리의 결핍이나 약함을 통해 도리어 자신의 능력을 나타내는 분이시다.

야곱이 이걸 몰랐다. 야곱은 자신이 능력 있고 힘 있는 사람이 될 때 조부 아브라함과 아버지 이삭처럼 하나님의 사람이 될 줄 알았다. 그러나 아니다. 하나님은 능력 있고 힘 있는 야곱이 아니라 부서지고 결핍된 그대로 하나님 앞으로 나오는 야곱을 기다리셨다. 하나님은 우리의 약함을 통해 그분의 능력을 온전히 드러내길 기뻐하시는 분이기 때문이다.

아무리 기다리셔도 야곱이 여전히 깨닫지 못하고 있는 모습 그대로 하나님 앞에 나아오지 않으니 나중에는 그의 환도뼈를 치셔서 완전히 결핍되고 약한 자로 만드셨다. 그리고 그때 그에게 '이스라엘'이란 이름을 주신 것이다. 참 아이러니하지 않은가. 하지만 이것이 우리가 깨달아야 할 진리다.

사도 바울이 자기 몸의 가시를 제거해달라고 세 번이나 하나님께 간구했는데 하나님께서는 바울에게 '내 은혜가 네게 족하다. 너의 연약함을 통해 나의 능력이 온전하게 드러날 것이다'라고 말씀하셨다. 해결책은 연약함이었다.

내가 미국에서 사역하고 있을 때, 여름마다 그 교회에 오셔서 사모님과 조용히 예배생활을 하는 분이 계셨다. 거의 두 달을 그렇게 해마다 오셔서 예배를 드리셨다. 나중에 알고 보니 그 분은 한국의 꽤 큰 교회의 담임목사님이셨다.

그때 목사님은 십 년째 파킨슨병을 앓고 계셔서 몸이 자유롭지 않으셨는데, 여름마다 요양차 그곳에 오셔서 조용히 시간을 보내셨던 것이다. 목사님 내외분을 뵙게 되었을 때, 내가 물었다.

"목사님, 건강이 이렇게 힘드신데 어떻게 그런 목회를 하실 수 있으세요?"

그러자 목사님이 이렇게 말씀하셨다.

"목사님, 사실 원래는 그렇게 큰 교회가 아니었습니다. 그런데 십 년 전에 제게 병이 생기면서 하나님이 부흥을 주셨어요."

파킨슨병이 생기면서 교회가 그렇게 성장했다는 것이다. 그러면서 그 분이 이렇게 말씀하셨다.

"내가 병에 걸리기 전에는 나의 열정과 나의 노력과 나의 전략으로 사역을 했지만, 병이 생기니까 나의 모든 것을 내려놓을 수밖에 없었습니다. 그러자 그 후에는 하나님의 전략, 하나님의 능력, 하나님의 방법으로 사용을 하시기 시작했습니다. 이전에 내가 사역할 때에는 한계점이 있었지만, 하나님이 사역을 하시면서 온 성도들에게 은혜를 주서서 온 성도가 함께 움직이자 교회가 폭발적으로 성장하고 부흥하게 되었습니다."

그 목사님의 말을 들으면서 확실하게 깨달았다. 하나님이 기다리시는 것은 우리의 강함이 아니란 사실을 말이다. 하나님은 우리의 약함을 기다리고 계신다. 약한 모습 그대로 주님 앞에 나아와 주님만을 온전히 의지하기를 기다리신다. 그때 그분의 능력이 우리의 온전함으로 드러난다!

이제 우리의 약함을 자랑하자. 우리가 약해졌기 때문에 하나님이 더욱더 마음껏 일하실 수 있으시다. 우리의 강함과 우리의 자랑거리를 내려놓자.

애굽에서 왕자로 살았고, '내 힘으로 내 민족을 구하리라' 했던 모세는 사용 받지 못했다. 그런 모세를 하나님은 사용하실 수 없었다. 그리고 그를 미디안으로 쫓아내서서 사십 년 동안 그를 철저하게 낮추셨을 때, 그런 모세를 하나님은 사용하셨다. 모세를 부르시면서 '네 발의 신을 벗어라'라고 하신다. 신발을 벗는다는 것은 당시 노예를 가리킨다. 이제 완전히 낮아질 대로 낮아졌는데, 더 낮아지고 더 약해지라는 말씀이다. 그래야 내가 너를 통해 큰 능력을 보이리라고 말씀하신 것이다.

이게 진리라면, 우리의 강함보다도 약함을 통해 하나님이 더 역사하시는 것이라면, 우리의 자랑거리보다 우리의 결핍을 통해 하나님이 역사하시는 것이라면, 우리는 더 이상 우리 자신을 과장할 필요가 없다. 더 이상 우리의 학력과 배경을 과시할 필요가 없다. 도리어 사도 바울처럼 우리의 약함을 자랑하면서 하나님 앞에 정직하게 나아갈 때, 하나님이 그런 우리를 통해 하나님의 새 역사를 써주실 줄 믿는다.

은혜를 부어주시는 하나님

셋째로, 우리가 하나님에 대해 알아야 하는 것은, 하나님은 우리에게 은혜를 부어주시는 분이란 것이다.

야곱이 완전히 부서진 모습으로 하나님의 발 앞에 나왔을 때, 하나님은 그를 나무라지 않으셨다. 그를 꾸짖지 않으셨다. 은혜를 주셨다. 하나님은 은혜를 주시는 분이다. 우리는 그 은혜를 붙잡아야 한다. 그럴 때 우리가 풍요한 사람이 되고, 담대한 사람이 되는 것이다.

하나님이 은혜를 주는 분이심을 어떻게 알 수 있는가?

자기 아들을 아끼지 아니하시고 우리 모든 사람을 위하여 내주신 이가 어찌 그 아들과 함께 모든 것을 우리에게 주시지 아니하겠느냐 롬 8:32

하나님은 이미 그분의 아들을 주셨다. 아들까지 내어주신 하나님이 우리에게 어떤 은혜를 아끼시겠는가? 하나님은 은혜를 부어주시는 분이다. 그러니 우리가 거짓의 쇠사슬에서 벗어날 수 있는 은혜를 구할 때 하나님은 자유케 하는 은혜를 베푸실 것이다. 결핍을 숨긴 채 살 수밖에 없는 환경이라도 내 모습 이대로 하나님 앞에 나아갈 은혜를 구한다면, 담대함의 은혜를 주실 줄 믿는다.

은혜를 구하자. 은혜를 받아 거짓을 버리고 참된 것을 추구하며 참된 말을 할 수 있는 우리 모두가 되기를 바란다.

너는 마음을 다하여 여호와를 신뢰하고 네 명철을 의지하지 말라 너는 범사에 그를 인정하라 그리하면 네 길을 지도하시리라 잠 3:5,6

우리가 이 말씀대로 행하며 나아갈 때, 하나님이 우리 삶을 지도해 주실 줄 믿는다. 그 하나님을 정직한 마음으로 인정하고 의지하자.

마태복음 27장 16-18절

16 그때에 바라바라 하는 유명한 죄수가 있는데 17 그들이 모였을 때에 빌라도
가 물어 이르되 너희는 내가 누구를 너희에게 놓아 주기를 원하느냐 바라바냐
그리스도라 하는 예수냐 하니 18 이는 그가 그들의 시기로 예수를 넘겨 준 줄 앎
이더라

야고보서 3장 14-16절

14 그러나 너희 마음속에 독한 시기와 다툼이 있으면 자랑하지 말라 진리를 거슬
러 거짓말하지 말라 15 이러한 지혜는 위로부터 내려온 것이 아니요 땅 위의 것이
요 정욕의 것이요 귀신의 것이니 16 시기와 다툼이 있는 곳에는 혼란과 모든 악한
일이 있음이라

chapter 08

받은 복을 못 보게 하는, 시기와 질투

예수님을 죽인 시기와 질투

시기와 질투는 두 단어다. 하지만 우리가 보통 시기와 질투에 그렇게 차이점을 두고 사용하지 않기에, 이번 장에서는 이 두 가지를 하나로 묶어서 살펴보려고 한다.

두 단어의 차이점을 찾아보니까, 약간 차이는 있었다. '질투'는 나 자신에 초점을 맞춰서 '남이 지닌 것을 내가 소유하지 못해 내가 슬퍼하거나 안타까워하는 것'을 뜻한다. 한편 '시기'는 타인에게 초점을 맞춘다. '내가 갖지 못한 좋은 것을 타인이 갖고 있기에 그를 미워하거나 깎아내리는 것'을 말한다고 한다.

이렇듯 미세한 차이점이 있긴 하지만, 일반적으로는 큰 차이 없이 사용하고 있기 때문에 이 장에서는 '시기와 질투'를 한 개념으로 사용하도록 하겠다.

성경은 시기와 질투에 대해 굉장히 무겁게 다루고 있다. 이 책에서 우리는 계속하여 마음의 변화를 사모하면서 교만, 탐심, 비판, 분노, 험담, 거짓말에 대해 살펴봤는데, 시기와 질투 역시 우리가 반드시 벗어버려야 하는 모습임을 성경은 강조하고 있다. 쉽게 넘어갈 것이 결단코 아니라는 것이다.

마태복음 27장은 예수님이 유대교 위정자들에게 잡혀서 빌라도 법정으로 오셨을 때를 배경으로 한다. 당시 빌라도는 팔레스타인 지역을 총독으로 지배하고 있는 로마 총독이었다. 빌라도는 위정자들에게 잡혀 온 예수님을 심문하기 시작했는데, 아무리 수사를 해도 예수라는 인물에게는 사형받을 만한 죄가 도무지 없었다. 그래서 빌라도는 양심의 가책이 생기기 시작했다.

유대교 위정자들이 이 사람을 죽이라고 데려온 것이라 그들의 말을 무시하기도 부담스러웠지만, 그렇다고 죄 없는 사람을 죽이자니 양심의 가책이 느껴진 것이다.

그리고 19절에 보면 빌라도의 아내가 꿈을 꾸고는 어떤 징조를 받아 "저 옳은 사람에게 아무 상관도 하지 마옵소서"라고 남편인 빌라도에게 전하기도 했다.

빌라도는 양심의 가책도 있고 아내의 꿈 이야기도 있었기 때문에 예수를 죽인다는 것이 굉장히 부담스러웠다. 그래서 빌라도는 예수를 살려주기 위한 꾀를 냈다.

당시 유대교 절기에는 죄수 한 명을 석방시켜주는 전례가 있었다. 빌라도는 예수를 놓아줄 작정으로, 무리 앞에 당시 난폭하기로 유명

했던 죄수 바라바와 예수, 두 사람을 데려다놓고 "누구를 너희에게 놓아주기를 원하느냐"라고 물었다. 그렇게 물으면 무리가 난폭한 자인 바라바보다는 예수를 놓아달라고 요청하리라 생각했던 것이다. 그러나 무리들은 이미 유대 위정자들에게 지도를 받았기에 예수가 아닌 바라바를 놓아달라고 빌라도에게 대답한다.

이 장면이 성경에 이렇게 기록되어 있다.

그들이 모였을 때에 빌라도가 물어 이르되 너희는 내가 누구를 너희에게 놓아주기를 원하느냐 바라바냐 그리스도라 하는 예수냐 하니 이는 그가 그들의 **시기로** 예수를 넘겨준 줄 앎이더라 마 27:17,18

여기에 '시기'가 등장한다. 빌라도는 유대 위정자들이 시기 때문에 죄 없는 예수를 죽이려 한다는 것을 깨달았다.

그러니까 하나님의 아들을 공격하고 죽이려 할 때, 마귀가 사용한 것은 시기로 가득 찬 사람들의 마음이었다는 것이다.

사탄이 하나님을 공격하고, 하나님이 펼치시고자 하는 일을 완전히 망가뜨리기 위해 사용했던 것이 시기로 가득한 마음이었다면, 성경은 시기와 질투에 대해 얼마나 심각하게 다루고 있다는 것인가?

시기는 다툼을 일으킨다

시기를 다루고 있는 야고보서의 말씀을 보자.

그러나 너희 마음속에 독한 시기와 다툼이 있으면 자랑하지 말라 진리를 거슬러 거짓말하지 말라 이러한 지혜는 위로부터 내려온 것이 아니요 땅 위의 것이요 정욕의 것이요 귀신의 것이니 시기와 다툼이 있는 곳에는 혼란과 모든 악한 일이 있음이라 약 3:14-16

이 말씀은 만일 우리 마음속에 시기와 다툼이 있으면, 그 모습은 절대로 하늘에서 내려온 것이 아니라 땅에서 난 것이고, 정욕에서 비롯된 것이며, 귀신에게서 온 것이라고 말씀한다. 시기가 악한 마귀에게서 온 것이라니, 성경이 시기를 얼마나 심각하고 엄중하게 여기는지 알 수 있다.

그리고 시기와 다툼이 있는 곳에는 그로 인해 혼란과 모든 악한 일이 있다고 말씀한다. 시기와 질투가 그냥 그대로 남아 있는 소극적인 요소가 아니라, 그로 인해 다툼이 생기고 혼란과 모든 악한 일이 일어난다는 것이다.

나는 본문의 성경 말씀을 묵상하면서 시기로 인해 다툼이나 악한 행위가 나타났던 성경의 사례들이 무엇이 있는지 생각해보았다. 꽤 많았는데, 그중에 몇 가지만 나눠보자.

먼저, 인류의 첫 가족이었던 아담과 하와의 큰아들 가인이 둘째

아들 아벨을 시기하여 죽인 사건이 있었다. 인류 역사의 첫 번째 살인 사건이 시기로 인해 생긴 것이다. 시기가 한 가정을 완전히 깨뜨렸다.

요셉을 생각해보라. 요셉에게는 형들이 많았는데 요셉이 아버지의 사랑을 많이 받는다는 이유로 형들은 그를 시기하고 질투했다. 그리고 어느 날 요셉을 타국에 종으로 팔아버린다. 이로 인하여 아버지 야곱과 아들들 사이에 불화와 불신이 일어나고, 형제들 사이에도 불화와 불신이 끝나지 않는다. 가족이 풍비박산 났다. 하나님이 선택하신 야곱의 가족이었는데도, 시기와 질투로 말미암아 완전히 망가지는 것을 성경에서 보여주고 있다.

이스라엘의 첫 왕인 사울을 생각해보라. 하나님께서 사울에게 마음을 닫으시고 그를 대신할 왕으로 다윗을 선택하여 그에게 기름 부으셨다는 소식을 듣자 사울은 미쳐버렸다. 시기로 인해 더 이상 하나님을 경외할 수 없는 자가 되어버렸고, 자신의 업무 또한 제대로 감당할 수 없었다.

오로지 다윗을 죽이려는 데 혈안이 되어 얼마나 오랫동안, 얼마나 집요하게 그를 추격했는지 모른다. 왕이 그러느라 나라를 돌보지 않자 이스라엘 사회는 비참해졌다.

가정과 사회를 망가뜨릴 뿐 아니라 시기와 질투는 믿음의 공동체에도 큰 타격을 준다. 사도 바울이 고린도교회에게 쓴 고린도전서를 보면, 고린도교회가 네 개의 무리로 완전히 갈라진 것을 볼 수 있다.

한 몸이 되어야 할 교회가 네 동강이 나버렸다. 베드로파, 아볼로파, 게바파, 그리고 심지어는 그 모든 파가 싫어서 그리스도파까지 생겼다. 얼마나 건강하지 않은 공동체의 모습인가? 주님의 핏값으로 사신 주님의 몸 된 교회도 시기와 질투로 갈라질 수 있다. 이는 하나님의 가슴에 못을 박는 것이다.

이처럼 시기와 질투로 인해 일어나게 되는 혼동과 온갖 악한 일들의 여파는 가정을 망가뜨리고, 사회와 나라에 피해를 주며, 주님의 공동체 안에도 혼란과 다툼을 일으킨다.

오늘날 우리도 마찬가지다. 그렇기에 마음의 변화를 이루어 예수님을 내 마음의 진정한 주인으로 모시기 위해서는 시기와 질투를 반드시 벗어버려야 한다. 그리고 주님의 새로운 모습으로 옷 입어야 한다. 그러한 거룩한 결단이 우리 모두에게 있기를 바란다.

구체적인 변화를 위해, 왜 믿는 자들인데도 불구하고 시기와 질투가 생기는지 그 원인 두 가지와 그에 대한 해결책 두 가지를 나눠보려고 한다.

원인 1. 남이 가진 것에 초점을 둘 때

믿는 자들 가운데서도 시기와 질투가 생기는 첫 번째 원인은, 내가 갖고 있는 것보다 남이 갖고 있는 것에 초점을 두기 때문이다.

주님의 자녀인 우리 크리스천들은 얼마나 많은 것을 가지고 있는가? 주님은 우리가 예수님 안에서 하나님의 상속자가 되었다고 말씀해주신다. 하나님의 상속자가 된 우리는 어마어마한 것을 누리게 되었는데, 우리가 가지고 있는 것을 보지 않고 남이 가지고 있는 것에 초점을 두니까 시기와 질투가 생기는 것이다.

내가 미국에서 사역하다가 한국에 온 지 벌써 십삼 년이 넘었다. 순식간에 십여 년의 세월이 지난 것 같다. 내가 처음 한국에 와서 교계의 목사님들과 만나 모임을 하고 교제를 나눌 기회가 종종 있었는데, 이상하게 그 모임에 참석하면 마음이 편치 않은 나 자신을 발견하게 되었다. 그래서 한동안 그런 모임을 피한 적도 있었다.

'이런 불편한 마음이 왜 생기는 것일까?' 하고 나 자신을 돌아보았다. 그들에게 문제가 있어서 그런 게 아니었다. 나에게 문제가 있었던 것이다.

그들의 귀한 사역 이야기를 듣고, 내가 하지 못하고 있는 일들에 대해 소개받으며 마음이 점점 불편해지고 완고해지고 있는 것을 깨달았다. 다른 목사님들과 나를 비교하기 시작한 것이다. 시기와 질투 때문이었다.

나는 너무 감사하고 귀한 할렐루야교회에서 담임목사로 목회하고 있다. 너무나 많은 것을 은혜로 받았고, 누리고 있다. 그런데도 내가 가진 것을 보지 못하고 남이 가지고 있는 것에 집중하다 보니 내 안에 이런 비교와 시기와 질투가 있었던 것이다.

내가 이런 부끄러운 모습을 솔직하게 고백하는 것은, 이것이 얼마나 충격적인지를 함께 생각해보고 싶었기 때문이다. 누구도 예외는 없다. 내가 이미 받은 것들을 보지 못하고 남들이 가진 것만 바라볼 때, 예수님을 믿는 우리 안에도 시기와 질투가 일어날 수 있다.

마태복음 20장에 포도원 품꾼의 비유가 나온다. 포도원 주인이 아침 일찍 장터에 나가서 일꾼들을 모으기 시작한다. 오늘날에도 팔레스타인에 가보면 이렇게 그날그날 일을 찾아서 기다리고 있는 일꾼들을 볼 수 있다. 포도원 주인은 그들에게 오늘 자신의 포도원에서 일하면 하루치 임금으로 한 데나리온을 주겠다고 했다.

이 소식을 듣고 사람들은 무척 기뻐했을 것이다. 하루 품삯이 마련되었기 때문이다. 일을 기다리던 자들이 할 일을 찾고, 하루를 마쳤을 때 집에 빈손으로 가지 않고 그날 일한 임금을 가지고 처자식에게 갈 수 있다는 것은 엄청난 희소식이었다.

오전 일찍 일꾼들을 모은 포도원 주인은 몇 시간 후에 또 나가서 일거리를 기다리고 있는 사람들을 불렀다. 그리고 정오에도, 오후에도 여전히 일을 기다리고 있는 사람들이 있어서 포도원 주인은 일꾼들을 모아 자기 포도원에 들여보냈다. 심지어 일이 끝나기 한 시간 전에도 나가봤더니 여전히 일을 기다리는 일꾼들이 있어서 주인은 그들에게도 가서 일을 하라고 포도원에 들여보냈다.

이 이야기를 잘 보면, 포도원 주인은 일손이 부족해서 일꾼들을 모으는 게 아니다. 주인은 지금 자신의 이익이나 필요보다는 일거리를 찾고 있는 자들을 향한 안타까운 마음으로 그들에게 돈 벌 기회를 주고 있는 것이다. 그러니 얼마나 큰 은총을 베푼 것인가. 포도원 주인은 그날 많은 사람에게 은혜를 베풀었다.

그런데 무슨 일이 벌어졌는가? 하루 일과가 끝나고 주인이 모든 일꾼들에게 한 데나리온씩 주었다. 즉, 아침 일찍 온 사람부터 일이 끝나기 한 시간 전에 온 사람까지 똑같은 값을 준 것이다.

그러자 아침부터 일한 일꾼들이 '이건 공평하지 않아'라고 불평을 했다.

주인은 약속한 것을 주었다. 주인의 입장에서는 은혜를 베푼 것이지만, 은혜를 받는 자들의 마음은 달랐다. 사실, 그날 포도원에서 일한 모든 일꾼이 은혜를 입은 것이다. 하지만 자신이 받은 은혜를 생각하지 못하니까 남이 받은 은혜를 보고 원망하고 비교하며 그로 인해 시기와 질투가 생긴 것이다.

엄청난 은혜를 모든 사람들이 받았는데, 내가 받은 은혜에 초점을 맞추지 못하고 남이 받은 것에 초점을 두고 있으니까 내가 받은 것이 이미 큰데도 불구하고 감격하지 못하고 감사하지 못하고 불평과 원망과 시기와 질투가 생기는 것이다.

원인 2. 위의 것이 아니라 땅의 것을 생각할 때

시기와 질투의 두 번째 원인은, 위의 것을 생각하지 않고 땅의 것을 생각하고 있기 때문이다.

그러므로 너희가 그리스도와 함께 다시 살리심을 받았으면 위의 것을 찾으라 거기는 그리스도께서 하나님 우편에 앉아 계시느니라 위의 것을 생각하고 땅의 것을 생각하지 말라 골 3:1,2

우리가 주님과 함께 다시 살리심을 받았으면 예수님 안에서 하늘나라의 시민이 된 것이니, 그 나라의 시민답게 살아야 한다. 이제 세상에 속한 자로 살지 말고 하늘나라에 속한 자들처럼 살아야 한다는 것이다. 그런데 그러려면 땅의 것을 생각하지 말고 위의 것을 생각하며 살아야 한다. 생각이 핵심이다. 로마서 8장 5절을 보면 "육신을 따르는 자는 육신의 일을, 영을 따르는 자는 영의 일을 생각하나니"라고 말씀하는데, 우리의 마음이 새로워지려면 생각이 달라져야 한다.

오늘날처럼 땅의 것을 생각하며 살기 쉬운 때가 없다. 컴퓨터와 스마트폰 때문이다. SNS를 통해 남이 가진 것, 남이 누리는 것, 남이 입고 쓰는 것을 계속 보며 자신과 비교하는 것이다. 몰랐을 때는 없어도 충분히 잘 살았는데, 보게 되니까 비교하게 되는 것이다.

미국 전문가들의 보고서를 읽어보니, 오늘날 십대 아이들, 특히 십대 소녀들에게 SNS는 너무나 위험한 도구라고 한다. 왜냐하면 SNS를 통해 왜곡된 이미지를 보며 그것을 기준으로 삼아 '나는 언제 저렇게 예뻐보나, 나는 언제 저렇게 날씬해보나' 하며 자신과 끊임없이 비교하기 때문이다. 그러면서 식이장애와 우울증이 늘고, 자살률도

폭발하고 있다고 한다. 세상의 것을 생각하기 때문이다.

우리 자녀들만의 문제인가? 아니면 세상 사람들만의 문제인가? 믿는 자들은 다를 것 같은가? 믿음의 지도자들은 다를 것 같은가? 아니다. 우리도 다르지 않다.

아삽은 이스라엘의 찬양 인도자이자 하나님의 선지자였으며 시편을 열두 편이나 작시했다. 그런 아삽이 한때 영적으로 넘어질 만큼 시험에 들었던 자신에 대해 이렇게 고백하고 있다.

> 나는 거의 넘어질 뻔하였고 나의 걸음이 미끄러질 뻔하였으니 이는 내가 악인의 형통함을 보고 오만한 자를 질투하였음이로다 시 73:2,3

아삽은 거의 넘어질 뻔했다고 고백하며 그 이유를 '오만한 자를 질투했기 때문'이라고 한다. 여기서도 '질투'란 단어가 나온다. 그가 실족했던 이유는, 그가 하나님 없이도 잘살고 있는 세상 사람들을 목격하며 그들의 삶에 마음을 빼앗겼기 때문이다. 아삽 정도면 이 세상에서 어떻게 사느냐보다 하나님 앞에서 어떻게 사느냐가 진짜 중요하다는 것을 충분히 알고 있었을 것이다. 그런데도 생각이 세상의 것으로 채워지니까 이렇게 실족할 수밖에 없는 상태에 이른 것이다.

하나님을 믿는 자로 이미 너무나 많은 것을 받았고 누리고 있는데, 왜 우리는 여전히 시기하고 질투하며 사는가? 우리의 생각이 다른 데 가 있기 때문이다. 위의 것을 생각해야 하는데 세상의 것에 마음이 흔들리고 생각을 빼앗겨 시기와 질투에 휩싸이는 것이다. 이것이 믿는 자들이 시기와 질투로 인해 어려움을 겪게 되는 두 번째 이유다.

해결책 1. 내려주신 복을 세어보라

이제 이 두 가지 원인에 대한 두 가지 해결책을 생각해보자. 첫 번째 해결책은, 내려주신 복을 세어보는 것이다.

시기와 질투에 휩싸여 어려움을 겪게 되는 첫 번째 원인은 내가 갖고 있는 것보다 남이 갖고 있는 것에 자꾸 주목하기 때문인데, 그렇다면 다시 내가 갖고 있는 것으로 눈을 돌려야 한다. 그러기 위해 하나님이 내게 주신 복을 세어보라는 것이다. 하나씩 세어보라.

우리가 아삽의 고백을 살펴보았는데, 세상 사람들을 보며 실족하기 직전까지 갔던 아삽이 어떻게 다시 신앙의 중심을 찾았는지 아는가? 자신에게 주어진 복을 깨닫기 시작했을 때 그는 다시 회복될 수 있었다.

내가 어쩌면 이를 알까 하여 생각한즉 그것이 내게 심한 고통이 되었더니 하나님의 성소에 들어갈 때에야 그들의 종말을 내가 깨달았나이다

시 73:16,17

아삽은 왜 믿는 자들은 고난을 겪고 안 믿는 자들은 도리어 형통한지를 깨달으려고 하니, 머리가 너무 아프고 마음이 심히 고통스러웠다고 한다.

그런데 17절을 보면, 그는 하나님의 성소에 들어갈 때에야 그들의 종말을 깨닫고 그 시험의 자리에서 일어나게 되었다. 하나님께 나와서 경배하고 기도드리는 가운데, 그들의 종말과 나의 종말이 다르다는 것, 즉 내게는 그들에게 없는 영생의 영광이 있다는 것을 생각하기 시작한 것이다.

그들은 이 세상이 끝나면 끝이다. 장례식을 치르면 끝이다. 그런데 성도들의 장례식은 다르다. 끝이 아니기 때문이다. 성도들의 장례식에는 감사가 있다. 상식적으로, 죽음 앞에서 무슨 감사가 있을까? 하지만 우리에게는 있다. 우리의 종말은 다르기 때문이다.

죽음과 함께 끝나는 것이 아니다. 예수 그리스도로 말미암아 우리에겐 영원한 생명이 주어졌다. 죽음에서 다시 사신 예수님의 부활의 축복이 우리의 축복이 되었다. 그렇기 때문에 우리는 죽음 가운데서도 소망이 있고 감사가 있으며 기쁨이 있고, 하나님이 주시는 진정한 노래가 있는 것이다.

내가 항상 주와 함께하니 주께서 내 오른손을 붙드셨나이다 주의 교훈으로 나를 인도하시고 후에는 영광으로 나를 영접하시리니 하늘에서는 주 외에 누가 내게 있으리요 땅에서는 주밖에 내가 사모할 이 없나이다 시 73:23-25

아삽은 주님의 오른손이 항상 자신을 붙들어주시며, 평생 인도해주시고, 세상을 떠날 때 영광으로 자신을 영접해주실 것을 깨달았다. 그러니 "하늘에서는 주 외에 누가 내게 있으리요 땅에서는 주밖에 내가 사모할 이 없나이다"라고 찬송할 수 있는 것이다.

세상에서도 나에게 주님이 계시고, 천국에 가서도 주님이 나의 주가 되실 것이기 때문에 일평생 주를 위하여 살고 주와 함께 살다가 천국에 가서는 주와 함께 영원히 같이 사는 것, 이 특권이 우리에게 있는 것이다. 그래서 그는 고백한다.

> 내 육체와 마음은 쇠약하나 하나님은 내 마음의 반석이시요 영원한 분깃이시라 시 73:26

날이 갈수록 쇠약해지는 것이 우리의 현실이 아닌가. 그럴지라도 하나님은 내 마음의 반석이시요, 영원한 분깃이 되신다.

우리에게 이런 축복과 영광이 주어졌다. 예수 안에서 우리에게 주어진 복을 세어보라. 그러면 우리 안에 시기와 질투가 사라지고 오직 영광과 감사만 남게 될 것이다.

해결책 2. 말씀에서 자신을 찾으라

시기와 질투의 문제를 위한 두 번째 해결책은, 말씀에서 자신을 찾아가는 것이다. 두 번째 원인이 무엇이었는가? 위의 것을 생각하지 않고 세상의 것만 생각하기 때문에 중심이 흔들려서 시기와 질투로 인한 어려움을 겪게 된다고 했다.

그렇다면 해결책은 위의 것을 찾는 것인데, 우리가 가장 실제적이고 쉽게 찾을 수 있는 '위의 것'이 무엇인가? 다름 아닌 하나님의 말씀이다.

위에서 주시는 하나님의 말씀이 우리에게 임할 때, 우리는 말씀에서 우리 자신을 찾아갈 수 있게 된다. 나의 정체성을 찾게 되고, 나의 가치를 찾게 되고, 나의 위치를 찾게 된다. 그렇게 말씀에서 나를 찾을 때, 우리는 마음의 중심을 잃지 않을 수 있다.

갓난아기들같이 순전하고 신령한 젖을 사모하라 이는 그로 말미암아 너희로 구원에 이르도록 자라게 하려 함이라 너희가 주의 인자하심을 맛보았으면 그리하라 벧전 2:2,3

베드로전서 2장 2절을 보면, "갓난아기들같이 순전하고 신령한 젖을 사모하라"라고 권면한다. 갓난아기들이 엄마의 젖을 향해 얼마나 놀라운 집중력으로 사모하는가? 그렇게 하나님의 말씀을 사모하라는 것이다. 갓난아기들은 젖만 먹고 쑥쑥 자란다. 몸이 자라고, 정서가 자라고, 지식이 자란다.

그와 같이 우리도 순전하고 신령한 젖을 사모하고 그 말씀을 먹어 구원에 이르도록 자라가라고 하신다. 구원은 제자리에 있는 것이 아니라 자라가는 것이다. 예수님 안에서 자라가는 것이다. 예수님을 아는 지식에서 자라가고, 예수님을 닮아가는 형상에서 자라가며, 예수님의 소망에서 자라가는 것이다. 우리가 말씀을 먹고, 말씀에서 자신의 새 정체성을 찾아가며 자라가는 것이다. 자랄수록 점차 예수님의 형상으로 변화되어 가는 것이다.

그리고 이어서 "너희가 주의 인자하심을 맛보았으면 그리하라"라고 하신다. 말씀을 통해 하나님의 선하심과 하나님의 인자하심을 알게 되지 않았느냐고 묻는 것이다. 이미 말씀의 맛을 보았으니까, 계속 그 맛을 찾으라는 것이다.

엄마 젖을 맛본 아기는 계속해서 그 맛을 찾는다. 그렇게 말씀을 찾아가라는 것이다. 그러면 그 말씀이 신령한 젖으로 우리 안에 들어와서 뼈가 되고, 살이 되고, 피가 되고, 우리의 영이 되고, 예수님의 형상이 되어서 우리를 변화시킬 줄로 믿는다.

말씀에서 자신을 찾아가는 것이 중요하다. 우리가 세상의 것을 생각하며 그것으로 마음이 차 있기에 시기와 질투에 빠지고 어려움을 겪는 것이다. 심지어 믿음 생활을 하면서도 세상의 것을 마음에서 버리지 못하면, 서로를 향한 시기와 질투로 주님의 몸 된 교회를 해칠 수 있다.

그런 자리에서 벗어나려면 우리가 말씀의 사람이 되어야 한다. 말씀에서 자신을 찾아가는 사람들이 되어야 한다. 하나님의 말씀이 우

리의 살과 뼈와 피가 되고 우리의 정체성과 성품이 되기를 예수님의
이름으로 축복한다.

출애굽기 16장 1-3,8절

1 이스라엘 자손의 온 회중이 엘림에서 떠나 엘림과 시내 산 사이에 있는 신 광야에 이르니 애굽에서 나온 후 둘째 달 십오일이라 2 이스라엘 자손 온 회중이 그 광야에서 모세와 아론을 원망하여 3 이스라엘 자손이 그들에게 이르되 우리가 애굽 땅에서 고기 가마 곁에 앉아 있던 때와 떡을 배불리 먹던 때에 여호와의 손에 죽었더라면 좋았을 것을 너희가 이 광야로 우리를 인도해 내어 이 온 회중이 주려 죽게 하는도다 … 8 여호와께서 자기를 향하여 너희가 원망하는 그 말을 들으셨음이라 우리가 누구냐 너희의 원망은 우리를 향하여 함이 아니요 여호와를 향하여 함이로다

고린도전서 10장 10-13절

10 그들 가운데 어떤 사람들이 원망하다가 멸망시키는 자에게 멸망하였나니 너희는 그들과 같이 원망하지 말라 11 그들에게 일어난 이런 일은 본보기가 되고 또한 말세를 만난 우리를 깨우치기 위하여 기록되었느니라 12 그런즉 선 줄로 생각하는 자는 넘어질까 조심하라 13 사람이 감당할 시험 밖에는 너희가 당한 것이 없나니 오직 하나님은 미쁘사 너희가 감당하지 못할 시험 당함을 허락하지 아니하시고 시험 당할 즈음에 또한 피할 길을 내사 너희로 능히 감당하게 하시느니라

chapter 09

영적인 바이러스, 불평과 원망

이스라엘을 구해내신 극적인 인도하심

앞에서 시기와 질투를 함께 다룬 것처럼, 이번 장에서는 불평과 원망을 함께 다뤄보려고 한다. 이 두 가지는 같이 가기 때문이다. 우리가 상황이나 사람에 대해 불평하다 보면, 보통 그 원인을 찾아 원망까지 하게 된다. 불평이 생기면 그 불평을 갖게 만드는 요소들, 보통은 어떤 대상을 찾아 원망하는 우리의 모습을 발견하게 된다.

우리는 쉽게 불평하고 쉽게 원망한다. 그런데 그런 우리의 모습을 하나님이 얼마나 심각하게 보시는 줄 아는가? 본문 말씀을 통해 그 심각성과 치명성을 깨닫고, 불평과 원망의 악순환이 완전히 깨지게 되길 바란다.

먼저 살펴볼 본문은 출애굽기 16장의 말씀이다. 본문의 배경은, 이스라엘 백성이 애굽에서 나온 지 한 달 반쯤 되었을 때다. 역사를 보면 이스라엘 사람들은 애굽에서 사백 년이 넘게 노예 생활을 했다.

그렇다는 것은, 그 생활이 이미 굳어졌다는 것을 뜻한다. 사백 년 이상을 그렇게 살아왔기 때문에 도저히 자신의 힘으로는 그 상황에서 나올 수 없었다.

그리고 당시에 애굽은 절대 강대국 중의 하나였으며, 애굽의 왕 바로는 백성들에게 사람이 아닌 신이었다. 하나님이 극적으로 역사하지 않으셨다면, 그런 왕에게서 이들이 풀려나오는 것은 불가능했다.

하나님은 애굽의 바로가 무릎 꿇을 정도로 강력한 열 가지 재앙을 보내주셔서 애굽을 낮추시고 이스라엘의 운명을 바꿔주셨다. 히브리인들의 하나님이야말로 진짜 하나님이라는 것을 깨닫고 벌벌 떨며 무릎을 꿇게 된 것이다. 그래서 이스라엘 백성들이 애굽에서 나오게 되었다. 너무나 극적이지 않은가? 사백 년 동안 그 자리에서 굳어져 있었던 백성들을 하나님이 강한 팔로 인도하셨다.

그리고 출애굽한 이스라엘 백성 앞을 홍해가 가로막고 있을 때, 하나님은 그 바다 가운데 길을 내어 그들을 건너게 하셨고, 이스라엘 백성을 추격하는 애굽의 군대를 멸망시키셨다.

이런 설교를 하면 가끔 이런 질문을 하는 분이 있다.

"목사님은 이런 이야기를 정말 믿으세요?"

나는 믿는다. 전능하사 천지를 지으신 하나님이시라면 바다를 여는 것쯤은 큰 문제가 아니다. 내 손녀딸은 차가 움직이는 걸 보고 매우 신기해한다. 사실 그 아이한테는 정말 대단한 일이지만, 우리에게는 아무렇지도 않은 일이지 않은가? 하나님을 인간의 수준으로 끌어내리지 말기 바란다. 전능하사 천지를 만드신 하나님을 믿기를 바란다.

이렇게 하나님의 구원을 체험한 백성들이 어쩔 줄을 모르고 춤추고 노래하며 하나님을 찬양한다. 그게 출애굽기 16장 바로 앞인 15장에 나와 있는 내용이다.

한 달 반 후, 원망이 시작되었다

그리고 한 달 반이 지났다. 그런데 무슨 일이 일어났는가?

백성들이 원망하기 시작한다. 아론과 모세에게 불평하며 원망을 퍼붓기 시작한다. 우리가 애굽에서는 큰 가마 옆에서 배 터지게 떡을 먹을 때가 있었는데, 어찌 당신들은 우리를 이 사막으로 끌어내어 여기서 죽게 만드냐며 불평하고 원망한다.

참 대단하다. 바로 한 달 반 전에는 어떻게 사백 년 동안 노예의 자리에 있었던 우리를 구원하셨느냐며 어쩔 줄을 몰라 하고 춤추고 노래하며 하나님을 경배했던 자들이었는데, 지금은 하나님의 은혜는 싹 잊어버리고 원망을 쏟아낸다.

그리고 사실 그들은 애굽에 살 때 그렇게 배부르게 먹지 못했다. 그들은 먹고 싶은 대로 먹을 수 있는 형편이 아니었다. 너무나 고달파서 하나님께 부르짖는 모습이 출애굽기 2장에 기록되어 있다. 그 부르짖는 음성을 듣고 하나님이 이스라엘 백성을 구하시려 모세를 보내셨던 것인데, 지금 완전히 왜곡된 생각을 하면서 '그때가 더 나았다'며 엉뚱하게 원망과 불평을 내뿜고 있다.

하나님을 향한 원망

이렇게 원망하는 하나님의 백성들을 하나님은 어떻게 보시는가? 출애굽기 16장 8절을 보면 여호와께서 자기를 향하여 너희가 원망하는 말을 들으셨다고 말씀하신다.

> … 여호와께서 자기를 향하여 너희가 원망하는 그 말을 들으셨음이라 …
>
> 출 16:8

백성들은 분명히 모세와 아론을 향해 원망했는데, 하나님은 '나를 원망한 것'이라고 들으셨다고 말씀한다. 그리고 모세는 덧붙여 이렇게 말한다.

'우리가 누구냐? 너희가 원망하고 있는 나와 아론은 하나님의 심부름꾼에 불과하다. 그러니 너희의 원망은 우리를 향한 것이 아니라 곧 여호와를 향한 것이다.'

이 말씀을 명확하게 들어야 한다. 하나님의 백성들이 불평하여 원망할 때마다, 사실 우리는 하나님에게 불평하며 원망하는 것이다. 사람을 원망해도 하나님을 원망하는 것이고, 환경을 탓해도 하나님을 탓하는 것이다.

우리는 하나님이 나의 삶의 모든 것을 주관하는 분이심을 믿는다. 우리가 하나님을 믿는다는 것은 하나님이 나의 선한 목자이시고 나의 모든 것이 되시며 나의 삶을 주관하시는 분이라고 믿는 것이다. 그리고 그를 사랑하고 그의 뜻대로 부르심을 입은 우리의 삶에서 모든 것을 합력하여 선을 이루어주시는 하나님이심을 믿는 것이다. 그래서 하나님은 자신의 백성이 불평하고 원망할 때마다 곧 자신을 향해 불평하고 원망하는 것으로 들으신다는 것이다.

나의 삶에 어떤 일이 벌어지든지, 나의 환경이 어떻게 되든지 우리의 목자 되신 하나님이 어디 가신 것이 아니다. 양의 입장에서는 지금 이곳이 힘들고 어두운 사망의 골짜기라 할지라도 목자의 입장에선 양을 떠나지 않으신 것이다. 그런데 우리가 양으로 살면서 환경을 탓하고 원망하고 불평하면, 사실 우리는 목자 되신 하나님을 탓하고 원망하는 것과 같다고 말씀하시는 것이다.

하나님이 불평과 원망을 이렇게 보고 계심을 우리가 꼭 기억하고 깨달아야 한다.

이스라엘의 원망을 타산지석으로 삼으라

두 번째 본문인 고린도전서 10장을 보자. 여기에서 사도 바울은 고린도 교인들에게, 이스라엘 백성들이 광야를 지나며 하나님을 시험하고 원망해서 결국 나중에 전부 광야에서 죽게 된 역사적인 배경을 쭉 설명한다. 그러면서 이것이 우리에게 본보기가 된다며 여기에 담긴 교훈을 전한다.

그들 가운데 어떤 사람들이 원망하다가 멸망시키는 자에게 멸망하였나니 너희는 그들과 같이 원망하지 말라 그들에게 일어난 이런 일은 본보기가 되고 또한 말세를 만난 우리를 깨우치기 위하여 기록되었느니라 고전 10:10,11

사실 출애굽기 16장 후에도 이스라엘 백성들의 불평과 불만은 계속 이어졌다. 먹을 것이 없어 힘든 그들에게 만나를 주시면 나중엔 왜 만나만 주시느냐고 불평했다. 그래서 메추라기를 보내어 실컷 고기를 먹게 하시니 그 후엔 고기에 질렸다고 불평했다. '마라'라는 곳에서 쓴 물밖에 없어서 힘들어할 때 쓴 물이 단물이 되게 하여 마시게 하셨는데, 얼마 후 '므리바'란 곳에 이르러 물이 없으니 전에 물을 주신 하나님의 은혜는 싹 잊고 모세를 원망하여 그에게 돌을 던지려 했다.

그 후에도 그들의 불평과 원망은 잠재되어 있던 바이러스가 틈만 보이면 머리를 들고 나타나듯이, 불쑥불쑥 나타난 것을 성경은 있는 그대로 기록하고 있다.

그리고 결국엔 하나님이 약속하신 가나안 땅에 정탐꾼을 보낸 후 그들의 부정적인 보고를 듣고 온 회중이 밤새워 통곡하며 원망하지 않았는가? 그러면서 그들은 '왜 하나님은 우리를 그냥 애굽이나 광야에서 죽게 하시지 않고 가나안 백성들의 칼에 맞아 죽게 하시는 것이냐'며 원망한다. 그리고 아예 애굽으로 돌아가겠다고 말한다.

정말 놀랍다. 없으면 없는 대로 불평하고, 있으면 있는 대로 원망하며 내려주신 은혜는 싹 다 잊어버리고, 나중엔 약속하신 젖과 꿀이 흐르는 땅마저도 싫다고 불평하며 떠나려고 하는 백성이 된 것이다.

성경이 이것을 적나라하게 보여주시는 이유가 무엇인가 하니, 우리에게 '본보기'가 되기 위해서, 교훈을 삼으라고 보여주시는 것이라 한다.

사실 알게 모르게 우리도 이미 이러고 있지 않은가? 그런데 이것이 하나님 앞에서 얼마나 악한 것인가? 하나님은 분명히 인내하심으로 원망하는 자들을 끝까지 타이르시며 그들을 약속의 땅에 들여보내려고 하시는데, 그들은 전혀 바뀌질 않는다. 하나님의 거룩한 백성, 제사장 나라가 되지 않는다. 그래서 하나님은 그냥 그들이 원하는 대로 광야에서 죽게 놔두셨다. 이렇게 하나님의 심판을 받게 된 것이다.

그 심판이 오늘날에도 있다. 하나님의 백성들이 이렇게 원망하고 불평하는 것은 믿음으로 사는 모습이 아니다. 하나님은 그런 모습으로는 하나님의 약속의 땅에 들어갈 수 없다고 말씀하시며 우리에게 경고하신다. 말세 즉 마지막 때를 살고 있는 우리가 제대로 믿음생활을 할 수 있도록 우리에게 본보기를 보여주신 것이다.

불평하며 원망하고 있는가? 아니라고 생각할 수도 있는데, 성경은 '너희도 충분히 그럴 수 있다'고 말씀하신다.

그런즉 선 줄로 생각하는 자는 넘어질까 조심하라 고전 10:12

모세도 넘어졌다. 가데스란 곳에서 원망하는 마음을 품고 반석을 두 번 치면서 하나님의 영광을 가리지 않았는가. 그런 것처럼 우리도 충분히 그렇게 될 수 있기에 이 말씀을 주신 것이다.

나도 모르게 원망할 수 있다

나는 결혼하고 아내를 통해서 깨닫고 배우게 되는 것이 참 많은데, 그중의 하나가 내가 보지 못했던 나의 모습을 보게 되는 경우다. 언젠가 아내가 내게 이런 뼈 있는 말을 했다.

"당신은 왜 무슨 어려움이 있으면 꼭 원인을 찾으려고 해요? 왜 이것 때문에 어려워졌다, 이 사람 때문에 어려워졌다며 책임을 돌리려고 해요?"

나도 전혀 몰랐던 나의 그림자였던 것이다. 나도 모르는 사이에 그런 모습이 습관이 되어 전혀 깨닫지 못하고 있었다.

누구든 충분히 그럴 수 있다. 그래서 조심해야 하는 것이다. 하나님의 놀라운 은혜를 경험하고도 자꾸 원망하는 이스라엘 백성들을 보며 어떻게 저럴 수 있느냐고 말하겠지만, 우리도 충분히 그럴 수 있다. 선 줄로 생각하면 넘어질까 조심해야 한다.

우리 자신을 잘 보아야 한다. 하나님이 보시기에 불평과 원망이 얼마나 치명적이고 심각한 죄인지를 보고, 나도 충분히 그럴 위험이 있고 또 어쩌면 나도 모르는 사이에 이미 그렇게 되었을 수도 있다는 것을 깨달아야 한다. 그것을 위해 성경에서 적나라하게 보여주고 있는 이스라엘 백성들의 불평과 원망하는 모습을 본보기 삼아 자신에게 적용하라는 것이다. 그리고 내가 전혀 몰랐던 나의 습관을 아내를 통해 알게 되었듯이, 사랑하는 사람의 그림자를 잘 말해주라. 때론 누군가 알려주지 않으면 발견하지 못하는 그림자 같은 것이 있을 수 있다.

이제 불평과 원망과 관련하여 꼭 전하고 싶은 세 가지 권면을 나누려고 한다. 이 권면은 나 자신을 향한 것이기도 하다.

불평과 원망을 멈춰라

첫 번째 권면은, 불평과 원망을 멈춰야 한다는 것이다. 너무나 당연한 말이지만 이것이 가장 중요하다.

불평하고 원망하는 나의 모습을 발견했다면, 멈춰야 한다. 내가 찾지 못했다면, 옆에 있는 사랑하는 자들을 통해서 알 수 있을 것이다. 주변 사람이 말해줘야 한다. 아닌 것은 아니라고 말해줘야 내 그림자가 고쳐지지 않겠는가. 그리고 알았으면 멈춰야 한다.

불평과 원망은 영적인 바이러스 같아서 퍼지게 되어 있다. 이스라엘의 역사를 보면 작은 무리가 불평과 원망을 하기 시작하면서 그것이 바이러스처럼 온 회중을 덮곤 했다.

그리고 불평과 원망하는 바이러스는 부모 세대에서 자녀 세대에게로 전염되게 되어 있다. 불평하는 부모 밑에 불평하는 자식들이 있고, 원망하는 부모 밑에 원망하는 자식들이 있다는 것을 아는가? 그러니까 이것이 영적인 바이러스인 것이다.

그렇다면 어떻게 해야 하는가? 잘라내야 한다. 잘라내지 않고 잠복해 있는 채로 놔두면, 잠깐은 괜찮은 것 같아도 또 언제 틈을 타고 머리를 들고 튀어나올지 모르는 일이다. 하나님 앞에 회개함으로 잘라버리고 멈춰야 한다. 그래서 사도 바울이 '너희가 이런 교훈을 받았으니 너희는 그들과 같이 원망하지 말라'라고 말씀하는 것이다. 멈추라는 것이다.

우리가 궁극적으로 따라야 할 모형은 예수 그리스도시다. 성경은 예수님에 대해 이렇게 말씀한다.

그는 죄를 범하지 아니하시고 그 입에 거짓도 없으시며 욕을 당하시되 맞대어 욕하지 아니하시고 고난을 당하시되 위협하지 아니하시고 오직 공의로 심판하시는 이에게 부탁하시며 친히 나무에 달려 그 몸으로 우리 죄를 담당하셨으니⋯ 벧전 2:22-24

인류의 역사 가운데 가장 억울한 분이 있다면, 예수님일 것이다. 그분은 하나님의 아들로서 세상에 오신 자로 죄가 없으셨다. 우리 모두에게는 죄가 있었지만, 그분에게는 없으셨다. 그런 그분이 온갖 욕을 다 당하셨다. 그럼에도 그분은 맞대어 욕하지 아니하시고, 고난을 당해도 위협하지 않으셨으며, 오직 공의로 심판하시는 아버지 하나님께 모든 것을 맡기고 우리를 위해 십자가를 지셨다.

예수님의 모습에 불평과 원망은 조금도 없으셨다. 오직 하나님 아버지만이 그분의 전부셨다.

이것이 우리가 따라야 하는 예수님의 모범이다. 누구보다도 원망할 수 있는 분, 누구보다도 불평할 수 있는 분이 예수님이셨는데 예수님은 불평하지 않으셨다. 원망할 만한 일이 있으면 아버지께 그냥 올려드렸다. 그리고 자신이 갈 길을 꾸준히, 묵묵히 가셨다. 이것이 우리가 따라야 할 모습인 줄 믿는다. 불평과 원망을 멈추고 끊어야 한다.

다르게 살아야 한다

두 번째 권면은, 이제부터 다르게 살아야 한다는 것이다. 불평과 원망을 멈추는 것도 중요한데, 거기서 끝내지 말고 이제는 다르게 사는 길을 가려고 결단하라는 것이다. 스포츠에 이런 말이 있다.

"가장 효과적인 수비는 공격이다."

지지 않으려고 지키고 수비만 하면 지게 되어 있다. 수비만 해서는 이길 수가 없다. 결국엔 공격을 할 수 있어야 한다.

마음의 변화도 그런 것이다. 우리가 깨닫고 알았으면 이제 벗어버려야 하는데, 거기서 멈추지 말고 앞으로 우리가 입어야 할 것을 향해 능동적으로 나아가야 한다. 다르게 살라는 것이다. 불평하고 원망하며 사는 것이 아니라 감사하고 은혜를 기억해야 한다. 축복하고 찬양하고 감격하며 살아가는 것이다.

우리가 이제부터 반드시 다르게 살아야 하는 이유는, 그래야 우리의 삶이 세상에 영향력을 줄 수 있기 때문이다. 빌립보서 2장 14,15절을 보자.

모든 일을 원망과 시비가 없이 하라 이는 너희가 흠이 없고 순전하여 어그러지고 거스르는 세대 가운데서 하나님의 흠 없는 자녀로 세상에서 그들 가운데 빛들로 나타내며 빌 2:14,15

여기서 하나님은 삶의 모든 일에서 원망과 시비가 없이 하라고 하신다. 모든 면에서 원망하고 불평하며 살지 말라는 것이다. 그래야 우리가 순전하고 흠이 없는 자들로 살 수 있으며, 세상에서 빛이 되어 살 수 있기 때문이다. 세상에서 진정한 영향력이 있으려면 이렇게 살아야 한다는 것이다.

예수님을 믿든 안 믿든, 불평하고 원망하는 사람들을 누가 존경하고 신뢰하고 따르겠는가? 세상에서도 그런 사람들은 피하려고 하지, 따르려고 하지 않는다. 안 믿는 사람들도 그러한데 하물며 예수님을 믿는 자들이 불평하고 원망하며 산다면 그 누가 우리가 전하는 복음을 믿고 신뢰하겠는가? 우리가 찬양하는 예수님이 아름답다고 누가 말할 수 있겠는가? 누가 우리의 성품을 존중하며 영향을 받겠는가? 우리에게서 나오는 것이 불평이고 원망이라면 우리에게 영향력은 없다. 세상에서도 없고, 교회에서도 없으며, 하나님의 복음을 전할 때는 특히 더 없다.

그러니 더 이상 억울하다고 말하며 남 탓하고 상황과 환경에 불평 불만하면서 살지 말라. 그래야 우리 삶에 영향력이 생긴다. 그래야 우리의 리더십을 사람들이 존중하며 따를 것이다. 그래야 우리가 전하는 복음이 세상에 비치는 빛이 될 것이다.

거스르고 어그러진 세상에서 충분히 불평하고 원망하며 살 이유가 있을지라도 불평하지 않을 때, 그렇게 다르게 살기로 할 때, 하나님은 이렇게 말씀하신다.

'그러면 이 세상에서 빛으로 사는 것이다. 그런 너희가 하나님의 빛을 이 세상에 발휘하는 것이다.'

주님의 교회와 주님의 모든 백성들이 이 세상에서 리더십을 가지고 영향력을 끼치며 살아가기를 바란다. 그러려면 다르게 살아야 한다. 세상과 똑같이 살아선 영향력을 가질 수 없다. 예수님이 세상과 전혀 다르게 사셨던 것처럼, 우리도 그분의 삶을 닮아가길 바란다.

나를 향한 하나님의 사랑과 주권을 믿으라

세 번째 권면은, 나를 향한 하나님의 사랑과 주권을 믿어야 한다는 것이다. 불평과 원망을 멈추고 이제는 다르게 살아야 하는데, 그러기 위해 우리가 구체적으로 붙잡아야 할 것이 무엇인가? 나를 향한 하나님의 사랑과 주권을 믿는 것이다. 하나님을 원망하고 불평하는 것은 결국 불신 때문이다. 믿지 못해서 그런 것이다.

믿음은 바라는 것들의 실상, 보지 못하는 것들의 증거라고 했다. 이 믿음이 없으면 하나님을 기쁘시게 할 수 없다. 믿어야 한다. 그런데 무엇을 믿는 것인가? 나를 향한 하나님의 사랑과 주권을 믿는 것이다. 그래야 우리가 불평과 원망을 떨쳐버리고 다르게 살 수가 있다.

할렐루야교회 원로 목사님이신 김상복 목사님이 이런 말씀을 하셨다. 목사님이 자신의 삶을 돌아봤더니, 지금까지 자신을 모든 어려운 상황과 위기로부터 지켜준 것이 있었는데, 그게 바로 하나님의 사랑과 하나님의 주권이었다는 것이다.

하나님이 나를 사랑하신다면, 자신의 아들을 주시기까지 나를 사랑하신다면, 아들을 희생시켜 나를 자녀 삼아주신 사랑의 하나님이시라면, 나는 어떤 상황 가운데서도 안전할 수 있다.

그리고 하나님은 주권적으로 나를 돌보시는 분이다. 그렇다면 내게 어려운 일이 닥치고 심지어는 내가 예상하지 못하고 원하지 않던 일이 벌어질지라도 하나님이 자신의 주권과 권세로 모든 것을 이끄시는 것이다. 그러니 내 뜻대로 일이 진행되지 않더라도 하나님의 주권이 이뤄지면 되는 것이다.

내가 보기엔 위기이고 어려움이고 큰일이 난 것 같아도, 하나님의 주권 아래 내가 여전히 있는 것이라면 그 자리가 안전한 자리인 것을 믿는다. 그러니 우리는 일평생 하나님의 사랑과 주권을 믿고 주를 섬겨야 한다.

우리가 원망하고 불평할 수 있다. 그러나 모든 것 가운데에서 하나님이 나를 사랑하신다. 영원한 사랑으로 나를 사랑하신다. 하나님의 사랑이 어디 간 것이 아니다. 영원한 사랑이다. 사랑을 붙잡고 사니까 이 사랑 안에서 안전한 것이다. 불평과 원망이 없어지고 안전하게 감격하며 살 수 있는 것이다.

그러면서 동시에 나의 인생이 내가 계획한 대로 흘러가지 아니할지라도 내가 하나님의 주권 안에 있다면 그곳이 가장 안전한 자리다. 그곳에서 하나님이 그분의 뜻대로 그분의 선하시고 기뻐하시고 온전하신 뜻을 이루시는 게 아닌가?

모든 인생의 위기와 아픔 가운데 하나님이 나를 사랑하시고 하나님의 주권으로 나를 돌보신다.

우리가 이 세상을 세상의 기준으로 살면 원망할 수밖에 없고 불평할 수밖에 없다. 억울할 수밖에 없다. 이것을 이겨내기 위해서 하나님의 사랑과 하나님의 주권을 붙잡기를 바란다.

하나님의 사랑과 주권의 말씀을 붙잡으라

하나님의 사랑과 주권에 대한 말씀 몇 구절만 살펴보자. 먼저 이사야서 45장의 말씀을 보자.

나는 여호와라 나 외에 다른 이가 없나니 나밖에 신이 없느니라 너는 나를 알지 못하였을지라도 나는 네 띠를 동일 것이요 사 45:5

하나님은 여기서 "나는 여호와라"라고 하시며 자신의 백성들에게 말씀하고 계신다. '여호와'는 하나님의 언약의 이름이다. 보통 사람들에게는 '하나님'이라고 자신을 가리키시지만, 그분의 언약의 백성들에게는 언약의 이름인 '여호와'를 사용하신다.

자신의 백성들을 향해 하나님은 "너는 나를 알지 못하였을지라도"라고 하신다. 즉, 우리는 하나님이 하시는 일을 다 알 수 없을지라도 하나님은 우리를 아신다고 말씀하신다. 그리고 "네 띠를 동일 것"이라고 하신다. 이는 우리를 붙잡아주시겠다는 말씀이다. 하나님은 우리를 이렇게 사랑하시는 분이다.

다음 구절에서는 하나님의 주권을 말씀하신다.

해 뜨는 곳에서든지 지는 곳에서든지 나밖에 다른 이가 없는 줄을 알게 하리라 나는 여호와라 다른 이가 없느니라 사 45:6

하나님은 해 뜨는 곳에서부터 지는 곳까지, 시작과 끝, 우주 만물 구석구석을 주관하는 주권의 하나님이 되시고, 그러한 하나님이 우리의 여호와 하나님이 된다는 말씀이다.

5절에서는 하나님의 사랑을, 6절에서는 하나님의 주권을 말씀하신 하나님이 이어지는 말씀에서는 이렇게 말씀하신다.

나는 빛도 짓고 어둠도 창조하며 나는 평안도 짓고 환난도 창조하나니 나는 여호와라 이 모든 일들을 행하는 자니라 하였노라 사 45:7

이 말씀이 참 중요한데, 여기서 하나님은 우리를 사랑하시고 우리를 주권과 능력으로 붙잡고 계심을 말씀하신다. 하나님은 그분의 주권과 섭리 가운데서 빛도 짓고 어둠도 창조하시며 평안도 짓고 환난도 창조하셨다. 이 모든 것을 하나님의 주권과 섭리 안에 만드셨다. 즉, 빛과 평안 가운데만 하나님의 섭리가 있는 것이 아니다. 어둠과 환난 가운데서도 하나님의 섭리가 있다.

때때로 우리가 어둠과 환난의 길을 걸을 때가 있다. 하지만 그때에도 빛을 지으신 하나님이 어둠 속에 있는 나를 사랑하시며 붙잡고 계신다. 나에게 평안을 주시는 하나님이 환난 가운데서도 나를 붙잡아주시고 지키시는 줄 믿는다.

사랑과 주권을 같이 잡아야 한다. 그래야 우리가 다르게 살 수 있다.

고린도전서 10장 13절의 말씀을 보자.

사람이 감당할 시험밖에는 너희가 당한 것이 없나니 오직 하나님은 미쁘사 너희가 감당하지 못할 시험 당함을 허락하지 아니하시고 시험 당할 즈음에 또한 피할 길을 내사 너희로 능히 감당하게 하시느니라 고전 10:13

신실하신 하나님은 우리를 사랑하시는 하나님이 되시기 때문에 때로는 우리에게 시험을 허락하실지라도 하나님께서 우리와 함께하시고 지켜주신다. 감당할 수 있는 시험만 허락하신다. 혹 우리가 감당하지 못할 것 같으면 주권을 갖고 계신 하나님이 우리에게 피할 길을 허락하실 줄로 믿는다. 이 사실을 우리가 알고 붙잡아야 한다. 그래야 우리가 원망과 불평하지 않고 감사하며 살 수 있는 것이다.

마지막으로 우리가 잘 아는 로마서 8장 28절을 보자.

우리가 알거니와 하나님을 사랑하는 자 곧 그의 뜻대로 부르심을 입은 자들에게는 모든 것이 합력하여 선을 이루느니라 롬 8:28

하나님의 뜻대로 부르심을 입은 우리, 즉 하나님의 사랑을 입어 그분을 사랑하는 자들에게는 모든 것이 합력하여 선을 이루어주심을 믿는다. 이 믿음으로 살아야 한다.

우리를 향한 하나님의 사랑과 주권을 굳게 붙잡고 믿음으로 살 때, 우리 안에 불평과 원망이 사라지고 감사와 믿음과 찬양과 은혜가 넘치게 될 줄 믿는다. 세상에는 불평과 원망할 것이 많지만, 하나님의 주권과 사랑 안에서 그것을 떨쳐버리고 감사와 감격과 은혜 가운데서, 전혀 다르게 살 수 있을 줄 믿는다. 그 은혜가 우리 모두에게 넘치기를 기도한다.

Part 2

성숙의 열매,
관계가 변해야
열매가 맺힌다

에베소서 5장 31,32절

31 그러므로 사람이 부모를 떠나 그의 아내와 합하여 그 둘이 한 육체가 될지니
32 이 비밀이 크도다 나는 그리스도와 교회에 대하여 말하노라

고린도전서 13장 4-7절

4 사랑은 오래 참고 사랑은 온유하며 시기하지 아니하며 사랑은 자랑하지 아니하며 교만하지 아니하며 5 무례히 행하지 아니하며 자기의 유익을 구하지 아니하며 성내지 아니하며 악한 것을 생각하지 아니하며 6 불의를 기뻐하지 아니하며 진리와 함께 기뻐하고 7 모든 것을 참으며 모든 것을 믿으며 모든 것을 바라며 모든 것을 견디느니라

chapter 10

남편과 아내 사이, 사랑으로 둘러싸라

사람은 관계 안에서 산다

우리 내면에 진정한 변화가 있기를 바라면서 우리 마음을 살펴보고, 예수님이 우리 마음의 진정한 주인으로 자리해주시도록 지금까지 마음의 변화와 관련된 구체적인 항목들을 살펴보았다.

마음의 변화가 우리 자신을 돌아보며 우리 안에 아직 변하지 않은 나의 모습을 보고 하나님께 올려드리는 것이라면, 이제부터 다루게 될 관계의 변화는 나 자신과 타인을 함께 보는 것이다.

우리는 홀로 살 수 없는 존재들이다. 태어나면서부터 다양한 관계 안에서 존재하는 자들이기 때문에 우리 자신을 돌아보는 것도 중요하지만, 동시에 관계의 측면에서 타인과 함께 우리 자신을 돌아보는 것 역시 굉장히 중요하다.

우리의 삶은 관계와 밀접하게 연결되어 있기 때문에, 우리의 인격 또한 관계를 통해 영향을 받고 성숙해지거나 미숙해지기도 한다. 또 우리 마음의 변화가 관계의 변화라는 새로운 열매로 이어지기도 한다. 이제 여러 관계를 돌아보며 하나님이 원하시는 변화를 향해 더 확실히 나아가보자.

하나님이 만드신 첫 번째 관계

가장 먼저 남편과 아내의 관계를 살펴보려고 한다. 본문에서도 볼 수 있지만, 창세기를 보면 하나님께서 천지 만물을 창조하시고 자신의 형상으로 남자와 여자를 창조하신 후에 가장 먼저 허락하신 관계가 남편과 아내의 관계였다.

하나님은 "그의 아내와 합하여 둘이 한 몸을 이룰지로다"(창 2:24 참조)라고 하시며 결혼을 말씀하셨다.

이 책을 읽는 독자 중에는 결혼한 사람도 있겠고, 미혼인 사람도 있을 테고, 여러 이유로 이별이나 사별을 겪은 사람도 있을 것이다. 그럼에도 인간관계에 있어서 가장 첫째 되는 관계, 하나님이 처음으로 허락하신 관계가 남편과 아내이기 때문에 여기서부터 시작하려고 한다.

우리 사회에서도 부부 관계를 가장 기본적인 관계라고 말한다. 가족 관계를 말할 때, 가장 가깝다고 여겨지는 부모 자식 관계가 일촌이며, 형제 사이는 이촌이다.

그런데 부부 관계는 무촌이다. 촌수를 따질 수 없을 만큼 가까운 관계가 부부 관계인 것이다. 부부가 가장 중심이 되는 기본적인 관계가 되는 것이다.

그런데 믿는 자들에게는 부부 관계가 중요한 이유가 한 가지 더 있다. 이 관계는 예수님과 성도들의 관계를 상징하는 것이기 때문이다. 놀랍지 않은가? 하나님께서 그분의 섭리 가운데 주님과 주님의 백성들과의 관계를 무엇으로 예로 삼아 보일 것인가 할 때, '남편과 아내의 관계로 보일 것이다'라고 하시는 것이다. 하나님이 천지를 창조하실 때 남자와 여자를 창조하시고 둘을 연합시켜서 둘이 아니요 하나로 만드신 것처럼, 이 비밀이 또한 교회와 그리스도, 그리스도와 성도들에게도 적용된다는 것이다.

우리가 예수님을 믿는 것은 멀리서 추상적으로, 교리적으로 믿는 것이 아니라 그분과 연합되는 것이다. 나무와 가지가 하나인 것처럼, 머리와 지체가 하나인 것처럼 하나로 연합되는 것이다. 이것은 창조주 하나님께서 처음부터 허락하신 신비이다.

남편과 아내가 분명히 둘인데 결혼해서 하나가 된 것처럼, 예수님과 성도 사이의 연합이 그렇다고 말씀하시는 것이다. 남편과 아내의 관계는 하나님께서 세상에 구체적으로 보이고자 하시는 하나님과 하나님 백성들의 연합 관계의 모델이라는 것이다.

이런 면에서 결혼이라는 것이, 남편과 아내의 관계라는 것이 얼마나 거룩한 것인가? 하지만 이렇게 그리스도와 교회의 연합의 상징이 될 만큼 귀하고 거룩한 남편과 아내의 관계가 오늘날 너무 많이 깨지고 있다. 크리스천이라고 예외가 아니다. 통계를 보면 안 믿는 사람들과 믿는 사람들의 깨진 가정의 수가 거의 같다.

정말 많은 크리스천 가정이 깨어짐을 경험하고 있는 현실이기에, 우리는 이 사실을 현실로 인정하고 더 이상 방치할 수 없는 우리의 문제로 여기며 고민하고 기도해야 한다.

이제 더 이상 이혼이 믿지 않는 가정의 이야기가 아니라, 우리의 문제이며 우리 교회의 문제가 된다. 그래서 주님 안에서 이뤄야 할 관계의 변화를 살펴볼 때 남편과 아내의 관계를 가장 먼저 살펴보려는 것이다.

지금 하나님이 허락하신 가정이 있다면, 하나님 앞에서 나와 배우자의 관계를 정직하고 정확하게 살펴보고 그 가정을 소중하게 여기고 아름답고 거룩하게 가꾸는 계기가 되기를 바란다.

또한 여러 이유로 결혼을 안 했거나 싱글인 분들도 많은데, 그 분들에게도 남편과 아내 관계를 살펴보는 것이 그리스도와 성도 간의 관계를 돌아보는 데 도움이 되길 바란다.

가장 바라기는, 크리스천 가정이지만 현재 위기를 겪고 있거나 건강한 관계를 맺는 데 어려움을 겪고 있는 가정들이 말씀 안에서 회복되는 은혜가 있기를 소망한다. 그래서 주님 안에서 정말 건강하고 행복한 부부 관계로 변화되기를 바란다.

친밀함이 중요한 관계

모든 사람이 사느라 바쁜 시대다. 특히 자녀를 키우고 있다면 경제적으로나 정신적으로나 시간적으로 부부 간의 관계에 투자할 여유도 없고 에너지도 없다. 그냥 동거하는 것에 그치고 마는 부부 관계도 적지 않을 것이다. 그게 우리의 현주소다. 더 투자할 만한 에너지가 없다.

그리스도와 교회, 그리스도와 성도의 관계의 모델로 주신 만큼, 부부 관계는 하나님의 영광을 위해 지켜져야 하고 지켜나가야 하는 소중한 관계다. 에너지를 투자해야 하는 관계다. 포기하지 말고 회복해야 하는 관계다.

무엇보다 이 관계는 더욱더 친밀해지고 건강해져야 한다. 하나님은 '너희는 더 이상 둘이 아니라 하나가 되었다'라고 말씀하셨기 때문이다. 둘이 아니요 하나라는 것은, 육신적으로도 하나, 정신적으로도 하나, 정서적으로도 하나, 삶의 비전에서도 하나, 영적으로도 하나라는 뜻이다. 그런 면에서 부부는 하나가 되기 위해서 에너지를 투자하며 친밀감을 추구해야 한다.

물론 궁극적으로는 하나님이 이 관계를 축복해주셔야 하고, 기름 부어주셔야 한다. 우리가 결단한다고 하나가 되지는 않는다. 아무리 노력해도 깨지는 부부 관계가 얼마나 많은가? 하나님이 우리를 도와주셔야 한다.

하지만 그렇다고 하나님이 도와주시기만을 바라며 손 놓고 소극적으로 있을 수는 없다. 적극적으로, 능동적으로 추구해야 한다. 부부 관계는 충분히 그럴 만한 가치가 있는, 소중한 관계다.

사랑을 추구해야 하는 관계

미국의 어느 칼럼니스트는 이런 말을 했다.

"두 사람이 첫눈에 반하는 것, 그건 얼마든지 있을 수 있는 일이다. 그러나 두 사람이 수년 동안 서로만 보고 있으면서 같이 살고 있다는 것은 기적 그 자체이다."

유머이지만, 현실을 반영한 뼈아픈 문장이다. 정말 부부 사이에 사랑이 유지되는 게 그렇게 어려운 일인가? 세상의 기준으로는 충분히 그렇게 볼 수 있다. 하지만 그것은 세상이 말하는 사랑과 성경이 말하는 사랑이 다르기 때문이다.

신약성경은 헬라어로 기록되었는데, 사랑을 뜻하는 헬라어 단어가 몇 가지 있지만, 보통 '사랑'이라고 하면 '에로스'나 '필레오'를 말한다. 에로스는 남자와 여자 사이에 오가는 이성적인 사랑을 뜻하고, 필레오는 친구와 친구 사이에 오가는 우정적인 사랑을 뜻한다. 그러니 에로스 사랑은 첫눈에 반했더라도 시간이 지나면 식을 수 있겠고, 필레오 사랑도 시간이 지나면서 흐지부지 될 수 있겠지만, 아가페 사랑은 다르다.

성경에서 성도에게 가르치는 사랑은 '아가페' 사랑이다. 아가페는 의도적으로 선택하는 사랑, 책임감을 가지고 끝까지 감당하는 사랑을 말한다. 이 사랑은 하나님이 우리에게 보여주신 사랑이다. 우리를 먼저 사랑하시고, 또한 영원한 사랑으로 사랑해주신 하나님의 사랑에서 비롯된 사랑이다. 하나님은 우리를 '아가페' 하신다.

하나님은 우리에게 아가페 사랑을 받은 자들로서 이 사랑을 가지고 부부간의 사랑을 유지하고, 더 나아가 다른 모든 관계에서도 이런 사랑을 도모하라고 하신다.

'아가페'란 단어의 사전적 의미를 찾아보면, '의지적인 사랑'이라는 의미가 있다. 감정적인 사랑과 조건적인 사랑을 넘어선 의지적인 사랑을 말하는 것이다. 하나님께서는 우리를 의지적으로 사랑하신다. 우리가 아직 죄인 되었을 때 우리를 사랑하셨다. 어떤 희생의 대가를 치를지라도 끝까지 가는 사랑이다.

이것이 성경을 통해 헬라 세계에 소개된 사랑의 새로운 개념이다. 이 사랑이 부부 관계의 기반이 되어야 한다. 그럴 때 부부간의 친밀함이 유지될 수 있다.

이 아가페 사랑의 개념을 염두에 두면서 본문인 고린도전서 13장을 살펴보자. 흔히 고린도전서 13장은 '사랑장'으로 알려져 있는데, 여기서 주님은 사랑의 열다섯 가지 모습을 가르쳐주고 계신다.

사랑은 오래 참고 사랑은 온유하며 시기하지 아니하며 사랑은 자랑하지 아니하며 교만하지 아니하며 무례히 행하지 아니하며 자기의 유익을 구하지

아니하며 성내지 아니하며 악한 것을 생각하지 아니하며 불의를 기뻐하지

아니하며 진리와 함께 기뻐하고 모든 것을 참으며 모든 것을 믿으며 모든

것을 바라며 모든 것을 견디느니라 고전 13:4-7

나는 이중에서 특별히 오늘날 우리가 꼭 붙잡았으면 하는 사랑의 모습 다섯 가지를 나누려고 한다. 특히 남편과 아내의 관계가 더욱 친밀해지기 위해 우리가 반드시 붙잡았으면 하는 사랑의 모습이다.

더욱이 다른 사람이 아닌 나 자신의 모습을 뒤돌아볼 때 '사랑의 이런 모습만큼은 꼭 붙잡아야겠다'라고 생각되는 부분들을 나눠보려고 한다.

진정한 사랑은 오래 참는다

진정한 사랑은 오래 참는다. 본문에서 가장 먼저 기록되어 있는 사랑의 모습이다. 열다섯 가지 사랑의 목록 중에 처음으로 하나님이 강조하시는 게 바로 이것이다.

사랑은 오래 참는 것은 성경에만 나와 있는 가르침이다. 아가페 사랑을 가르쳐주기 때문이다. 남녀가 첫눈에 반해 불꽃을 튀기며 사랑에 빠지는 것은 어렵지 않다. 그땐 상대방의 허점도 눈에 보이지 않고 너그럽게 넘어갈 수 있다. 그런데 그 모습이 오래갈 수 있는가? 오래 참아줄 수 있는가?

성경이 말하는 아가페 사랑은 '오래 참는 사랑'이다. 영어로 '오래 참다'는 'long-suffering'인데, 이것은 문자 그대로 오래(long) 고통 받으면서도(suffer) 참는 것이다.

하나님이 우리를 그렇게 사랑하지 않으셨는가? 생각해보니, 너무나 감사하다. 하나님은 오래 참으시며 우리를 사랑하신다. 이것이 얼마나 감사한지 모르겠다.

최근에 호산나교회 유진소 목사님의 설교를 들을 기회가 있었다. 유 목사님이 설교에서 고백하시기를, 자신이 십 대 때 고민하고 드렸던 기도를 육십 대가 된 지금도 고민하며 하나님께 기도한다는 것이다. 십 대 때 고민하던 문제를 육십 대가 되어서까지 여전히 고민하며 기도하는 것이 우리의 모습이다.

그럼에도 그런 우리를 하나님은 변함없이 사랑하신다. 인내심이 없는 인간이라면, 어떻게 같은 고민을 옛날에도 하고 나이가 들어서까지도 하느냐며 꾸짖을 수도 있겠지만, 하나님은 오늘도 변함없는 사랑으로 우리를 받아주시고 용서하시고 새롭게 하신다. 하나님이 나를 어떻게 사랑하셨는지를 깨달으면, 우리도 오래 참는 사랑을 할 수 있다.

사랑은 자연적으로는 오래 갈 수 없다. 시간이 지나면서 식게 마련이다. 그것이 감정적인 사랑이고 조건적인 사랑이다. 하지만 하나님은 조건 없이 사랑하신다. 그분은 끝까지 사랑하신다. 그러니 나를 이렇게 사랑하시는 하나님의 사랑을 기억하면서 우리도 오래 참아야 한다. 하나님의 사랑에 힘을 받아서 우리도 배우자를 오래 참는 사랑으로 사랑해야 한다.

이 사랑이 없으면 부부 관계는 오래 갈 수 없고, 결코 예수님의 영광을 나타내는 관계가 될 수 없다. 사랑은 오래 참는 것이다. 오래 참는 사랑을 실천하기를 예수님의 이름으로 부탁한다.

진정한 사랑은 친절하다

두 번째로 주목하고 싶은 진정한 사랑의 모습은 '친절함'이다. 한글 개역개정성경에는 "사랑은 온유하며"라고 번역되어 있다. 이 부분을 영어성경으로 보면 "love is kind"라고 하여 '친절하다'로 표현하고 있다. 이것이 원어에 더 가까운 번역이다. 그래서 현대 언어로 번역된 우리말성경이나 현대인의 성경에서는 '친절하며'라고 되어 있다. 사랑은 친절해야 한다. 우리는 이 사랑으로 배우자에게 친절해야 한다.

우리가 교회에서 사람을 만날 때는 대부분 굉장히 친절하다. 그런데 나의 가장 가까운 사람이자 하나님이 한 몸이라고 말씀해주신 배우자에게는 친절하지 않은 경우가 많다. 친절하지 않고 오히려 화를 내며 받아들이지 못한다.

영어성경(KJV)으로 구약성경을 보면 우리를 향한 하나님의 사랑을 가리킬 때 'Lovingkindness'라는 단어를 굉장히 많이 사용한다.

우리말로는 '인자하심'으로 번역되어 있는 경우가 많지만, 이것을 문자 그대로 번역하면 '친절한 사랑'이다.

시편 63편 3절을 보면 "주의 인자하심이 생명보다 나으므로 내 입술이 주를 찬양할 것이라"라는 고백이 있다. 여기서 사용하는 '인자하심'이 'lovingkindness'이다.

다윗은 이 시를 광야에서 썼다. 다윗은 청년 시절 사울에게 쫓겨 다닐 때에 광야에서 머물렀고, 후에 아들 압살롬이 반역을 일으켜 도망쳐 나왔을 때에도 광야에 머물렀다.

성경학자들은 이 시는 다윗이 압살롬에게 쫓겨 광야에 머물렀을 때 썼을 것이라고 추측한다. 그렇다면 다윗은 지금 아들에게 쫓겨 목숨을 구하기 위해 충성된 부하들과 함께 광야에 숨어 있는 상황이다.

그렇게 광야에서 하나님의 사랑을 묵상해보니, 하나님의 사랑은 '인자하심' 즉 '친절하심'이 충만한 것이었다. 지금 아들에게 쫓기는 것처럼 세상에서는 가장 믿었던 가까운 사람에게 배신당해 목숨이 위험할 수도 있지만, '하나님의 사랑과 친절하심은 생명보다 나은 것이구나'라는 것을 깨닫고 그 고백을 하나님께 올려드리는 것이다.

하나님이 우리에게 베푸신 사랑이 바로 이 사랑이다. 그러니 하나님은 우리에게도 이런 사랑을 베풀며 살라고 하신다. 하나님으로부터 이런 사랑을 받고 배웠으니 우리도 실천하라는 것이다. 우리는 부부 간에 배우자에게 이 친절한 사랑을 베풀고 있는가?

'친절함'과 같이 따르는 단어가 하나 있는데 그것은 '서비스'(봉사, 제공하다)이다. 우리가 친절한 사랑을 실천하기 위해서는 서비스할 수 있어야 한다. 교회에선 그렇게 많이 봉사하는데 막상 집에서 배우자에게 서비스를 안 하는 경우가 적지 않다. 그러한 모습으로 남편과 아내의 관계가 오래 갈 수 있을까? 시간이 흘러도 계속 사랑 가운데 임할 수 있을까? 하나가 될 수 있을까? 친밀할 수 있을까? 그렇게 될 수가 없다는 것이다.

한 예로, 아내는 내가 설교를 준비하기 위해 컴퓨터 앞에서 집중하고 있을 때면 항상 간식을 주거나 과일을 깎아준다. 그러면 굉장히 마음이 따뜻해진다. 아내의 서비스가 마음속에 굉장히 깊은 친밀감을 느끼게 하는 것이다.

그렇다면 나는 뭘 할 수 있을까? 아내를 향한 나의 사랑을 되돌아보니 내게는 친절한 서비스가 없었다. 그래서 가끔 설거지를 하거나 밖에 나가면서 쓰레기 분리수거를 해주면, 아내가 굉장히 고마워하고 좋아한다. 설거지나 분리수거는 십 분이면 되는데, 십 분의 서비스로 친밀함에 투자할 수 있는 것이다.

투자해야 친밀해진다. 심는 게 있어야 열매가 있다. 친절함으로 심으라는 것이다. 작은 친절함도 좋다. 작은 친절한 행실이 부부 간의 깊은 친밀감으로 이어진다.

부부의 관계가 정말 아름답게 이루어지고 하나 됨으로써 하나님의 영광이 되려면, 작은 일이라도 친절함을 베풀며 살아야 한다. 그

렇게 살 때 이것이 하나님의 아가페 사랑과 친밀함으로 우리를 연결
시켜 준다.

진정한 사랑은 자기의 유익을 구하지 않는다

세 번째로 진정한 사랑이란 자기의 유익을 구하지 않는 것이다.

사랑은… 자기의 유익을 구하지 아니하며… 고전 13:4,5

이 개념을 부부 관계에 적용해본다면, 상대방을 자신의 결핍을 채
우기 위한 존재로 여기지 않는다는 것이다.

우리는 알게 모르게 배우자를 나의 결핍을 채워주기 위해 존재하
는 사람으로 여길 때가 많다. 입 밖으로 꺼내어 말은 안 하지만, 내
게도 그런 모습들이 있었던 것 같다. 솔직히 나 역시 '남편을 돕는 배
필로 아내를 허락하셨다'라는 성경 말씀을 남용하며, 아내를 나의
필요를 위해 허락하신 존재로 여길 때가 종종 있었다.

그런데 이것은 성경을 완전히 잘못 해석하고 적용하는 것이다. 나
의 필요를 채우기 위해 배우자가 존재하는 게 아니라, 하나님의 영광
을 위해 똑같이 존재하는 것이다.

성경은 하나님의 모든 자녀를 하나님의 상속자, 곧 그리스도와 함
께한 상속자라고 부르신다.

자녀이면 또한 상속자 곧 하나님의 상속자요 그리스도와 함께한 상속자니
우리가 그와 함께 영광을 받기 위하여 고난도 함께 받아야 할 것이니라

롬 8:17

예수 안에서 남자든 여자든 똑같이 상속자가 되었다. 하나님의
상속자가 되었다는 것은 하나님께로부터 받은 소명이 있고, 소명에
따르는 은사가 주어졌으며, 사명을 통하여 하나님께 받을 상급이
똑같이 주어졌다는 것이다. 물론 기능적으로는 남편과 아내의 역할
과 위치가 다르다. 하나님이 허락하신 위치와 질서가 있겠지만, 하
나님과의 관계에서는 똑같은 상속자라는 것이다.

그러니까 나와 배우자가 서로의 결핍을 채우기 위해 존재하고 있
는 게 아니라는 것이다. 오십 대 오십으로, 혹은 나는 칠십 배우자는
내게 없는 삼십을 채워주기 위해 존재하는 게 아니라, 서로가 백인 것
이다. 하나님 안에서 똑같이 백의 소명을 받고, 소명에 따르는 은사
가 주어졌으며, 거기에 사명을 다 감당하면 하나님이 허락하실 상급
백이 있다는 것이다. 그렇다면 같이 백을 향하여 서로 돕고 축복해
나가는 파트너십이 되어야 한다.

부부는 자기의 유익을 구하지 아니한다. 남편과 아내는 서로의 결
핍을 채우기 위해 존재하는 것이 아니다. 남편과 아내는 애정의 결핍
을 채워줄 수 없다. 이건 블랙홀이다. 절대로 채울 수 없다. 당신이
채워지지 않으니 더 집착하게 되고, 그러면 이게 정욕이 되어버리며,

나중에는 우상 숭배, 사람에 대한 중독이 되어버린다. 그런데도 채워지지 않아서 서로 무너지고 마는 영적인 블랙홀과 같은 관계가 될 수 있다는 것이다.

나의 결핍은 결국 하나님이 채워주신다.

> 내 육체와 마음은 쇠약하나 하나님은 내 마음의 반석이시요 영원한 분깃이시라 시 73:26

하나님께서 내 인생의 영원하신 기업이 됐다. 하나님이 채워주시는 것이다. 하나님이 아니고서는 채울 수 없다. 아내가 채워줄 수 없고, 남편이 채워줄 수 없다. 나의 결핍은 하나님만 채우실 수 있다. 하나님 앞에 나아가 채움을 받아야지 그 충만함에서 사랑이 흘러나와 내 배우자도 축복하고, 지인들도 축복하고, 자녀들도 축복하고, 세상을 축복할 수 있는 것이다. 우리 인생의 반석이시요 분깃이 되시는 하나님으로부터 채움을 받고 충만히 채워진 모습으로 가정과 배우자를 축복하기를 바란다.

진정한 사랑은 원한을 품지 않는다

네 번째로, 사랑은 원한을 품지 않는다. 이것이 아가페 사랑이다. 본문 5절의 마지막 부분을 보면 '사랑은 악한 것을 생각하지 아니한다'라고 되어 있다.

악한 것을 생각하지 않는다는 것은 원한을 품지 않는다는 말이다. 영어로는 "it keeps no record of wrongs"라고 표현되어 있다. '당신이 나에게 잘못한 것을 기록하지 않는다, 삭제해 버린다, 잊어 버린다'는 의미다. 원한을 품지 않는다는 것이다.

가장 가까운 부부의 관계일지라도 원한을 품게 되면 언젠가는 폭발하게 되어 있다. 그런데 하나님이 우리에게 원한을 품으시던가? 하나님이 우리의 죄를 다루실 때 원한을 품으시던가? 잘못한 것을 기록해두시고 우리를 용서하시던가? 아니다. 성경은 이렇게 말씀한다.

동이 서에서 먼 것같이 우리의 죄과를 우리에게서 멀리 옮기셨으며 시 103:12

너희의 죄가 주홍 같을지라도 눈과 같이 희어질 것이요 진홍같이 붉을지라도 양털같이 희게 되리라 사 1:18

하나님은 다 지워주시겠다고 말씀하신다. 원한을 품지 아니하시는 하나님이시다. 그래서 우리에게도 상대방에 대한 원한을 품지 말라고 말씀하시는 것이다.

원한을 품지 말아야 한다. 가정에서 배우자에게 원한을 품게 된다면 그 가정에 무슨 선한 일이 있겠는가? 예수님도 복음서에 '스스로 분쟁하는 마을마다 집마다 나라마다 설 수 없다'라고 말씀하셨다

(마 12:25 ; 막 3:24,25 ; 눅 11:17 참조).

스스로 분쟁하고 있는 지붕 밑에서, 서로 악한 것을 기억하며 적이 되는 곳에서 어떻게 하나님의 선한 사역이 펼쳐질 수 있겠는가? 그러니 원한을 내려놔야 한다. 하나님이 나의 모든 죄악을 용서하셨듯이 우리도 원한을 내려놔야 한다.

원한을 내려놓는 게 언제 가능한가? 하나님께 구하지 않으면 불가능하다. 가정에서뿐만 아니라 교회 생활을 하면서도 충분히 원한이 생길 수 있다. 그럴 때마다 하나님께 기도하면서 하나님이 보시는 눈으로 보게 해달라고 간구해야 한다. 그러면 하나님이 도와주신다.

하나님의 눈으로 보게 해달라고 기도하면, 많은 경우 내가 오해하고 있었다는 것을 깨닫게 된다. 나는 이렇게 볼 수밖에 없었는데 그것은 여러 견해 중 하나이고, 기도하는 가운데 다르게 생각할 수도 있음을 알게 된다. 앙심이나 악심을 품고 공격한 것이 아니라 그냥 단순한 실수였고 그런 마음이 아니었다는 걸 하나님의 마음으로 보여주신다. 그러니 앙심이 없어지고 원한을 품지 않게 되는 것이다.

특별히 가정에서 원한을 품지 말아야 한다. 원한을 품으면 그 안에서 하나님의 역사가 일어날 수 없다. 믿음의 가정은 하나님 안에서 하나님의 역사를 보며 함께 비전을 향해 가는 것이다. 그러니 이제 원한을 품지 말고, 내려놓고, 하나님 앞에 기도하기를 바란다. 하나님께 기도하면 하나님께서 새롭게 보게 하실 것이고, 하나님의 은혜 가운데 원한을 내려놓고 용서의 마음을 주실 줄로 믿는다. 이것은 가정에 꼭 필요한 것이다. 그래야 아름답게 끝까지 오래가는 것이다.

진정한 사랑은 모든 것을 믿고 바라며 견딘다

마지막으로, 진정한 사랑은 모든 것을 믿으며 모든 것을 바라며 모든 것을 견디는 것이다.

> 모든 것을 참으며 모든 것을 믿으며 모든 것을 바라며 모든 것을 견디느니라 고전 13:7

모든 것을 믿고 바라며 견디는 게 아가페 사랑이다. 하나님이 우리를 이렇게 사랑하셨다.

탕자의 비유를 보면 아버지는 아들을 포기하지 않았다. 탕자 주위에 있던 모든 사람들이 그를 포기했다. 하지만 아버지는 포기하지 않는다. 내 자식은 반드시 돌아올 것이라며 아들을 믿어준다. '내 아들이 돌아오게 되면 반드시 나와 함께 회복되리라'라고 바라면서 소망을 가진다. 아버지께서 견뎌주신다. 이것이 하나님의 사랑, 곧 아가페 사랑이다.

오늘도 하나님은 그 사랑으로 우리를 품고 계신다. 그런데 우리만 품는 게 아니라, 우리의 배우자, 우리의 자녀, 우리의 지인들도 똑같이 품고 계신다. 나는 포기하고 싶고 그만하고 싶지만, 하나님이 포기하지 아니하셨다는 것이다.

그러니 우리도 그 사랑으로 모든 것을 믿고 바라며 견딤으로 포기하지 말아야 한다.

사람을 믿는다는 게 아니다. 모든 것을 믿고 바라며 견딘다는 것은 아내를 믿는다거나 남편을 믿는다는 게 아니다. 남편을 향한 하나님의 섭리, 아내를 향한 하나님의 간섭과 하나님의 사랑을 믿는 것이다. 하나님을 믿고 바라며 견디라는 것이다.

우리가 가정과 교회를 위해 기도할 때, 믿음이 없으면 기도가 안된다. 보이는 게 없고 나타나는 열매가 없기 때문이다. 내가 잡을 수 있는 물리적인 열매가 아직 없기 때문이다. 그런데 믿음이란 무엇인가? 바라는 것들의 실상, 보지 못하는 것들의 증거라고 말씀하신다. 아직은 바라는 것일 뿐 볼 수 없고 잡을 수 없는 것, 그것을 잡는 것이 믿음이라는 것이다.

믿음이 없이는 하나님을 기쁘시게 하지 못하나니 하나님께 나아가는 자는 반드시 그가 계신 것과 또한 그가 자기를 찾는 자들에게 상 주시는 이심을 믿어야 할지니라 히 11:6

보이는 것을 믿는 건 믿음이 아니다. 그건 자연적인 반응일 뿐이다. 보이지 않지만 믿는 것, 믿음을 선택하고 의도적이고 의지적으로 믿음을 붙잡는 것, 그리고 끝까지 소망하는 것, 이것이 하나님이 가르쳐주시는 아가페 사랑이다. 이러한 아가페 사랑이 우리 가정 안에 있기를 예수님의 이름으로 축복한다.

여호와의 말씀이니라 너희를 향한 나의 생각을 내가 아나니 평안이요 재앙이 아니니라 너희에게 미래와 희망을 주는 것이니라 렘 29:11

"여호와의 말씀이니라"라는 건 하나님의 권위의 말씀이란 뜻이다. 유(有)에서 무(無)를 창조하신 하나님의 말씀, 죽은 자를 살리신 그 하나님의 말씀이 지금 말씀하시는데, 너희를 향한 하나님의 생각을 하나님이 아신다고 한다.

하나님의 생각은 우리에게 평안을 주려는 것이다. 재앙이 아니다. 미래와 희망을 주려는 것이다. 아들까지 주신 하나님이라면 충분히 우리를 향해 이런 생각을 가지실 분이 아니시겠는가?

나는 이 말씀에서 "너희를 향한 나의 생각"을 이렇게 바꿔보았다. '너희 아내를 향한 나의 생각', '너희 남편을 향한 나의 생각'으로 말이다. 나의 생각이 아닌, 하나님의 생각이다.

하나님이 마지막으로 선포하시기를, 주 안에 있는 자들에게 재앙이 아니라 평안이라고 하신다. 미래와 희망을 주려는 것이라고 말씀하신다.

이 말씀의 약속을 붙잡고 살아야 한다. 이 말씀을 붙잡고 하나님 안에서 모든 것을 믿고 모든 것을 바라며 모든 것을 견디는 사랑으로 살기를 바란다. 그럴 때 남편과 아내의 관계로 하나님께 영광을 돌리게 될 줄 믿는다.

말라기 4장 5,6절

5 보라 여호와의 크고 두려운 날이 이르기 전에 내가 선지자 엘리야를 너희에게 보내리니 6 그가 아버지의 마음을 자녀에게로 돌이키게 하고 자녀들의 마음을 그들의 아버지에게로 돌이키게 하리라 돌이키지 아니하면 두렵건대 내가 와서 저주로 그 땅을 칠까 하노라 하시니라

에베소서 6장 1-4절

1 자녀들아 주 안에서 너희 부모에게 순종하라 이것이 옳으니라 2 네 아버지와 어머니를 공경하라 이것은 약속이 있는 첫 계명이니 3 이로써 네가 잘되고 땅에서 장수하리라 4 또 아비들아 너희 자녀를 노엽게 하지 말고 오직 주의 교훈과 훈계로 양육하라

chapter 11

깨어진 부모와 자녀, 말씀으로 회복하라

내가 아들을 몰랐구나!

미국에서 목회할 때, 섬기던 교회의 대학부에서 수련회 강사로 말씀을 전해달라는 부탁을 받고 수련회 강사로 섬긴 적이 있다. 당시 큰아들이 고등학교 졸업반으로 대학 진학을 앞두고 있었는데, 그때 대학부에서 고등부 졸업반을 같이 초청했다. 그래서 아들도 같이 가게 되었다.

나름대로 기대가 되었다. 아들이 참석하는 수련회에서 강사로 며칠 동안 설교하려니, 더 새롭게 느껴졌다.

감사하게도 하나님께서 많은 은혜를 주셨다. 마지막 날, 모든 기도가 끝난 다음에 오픈 마이크 타임이 있었다. 누구나 자유롭게 나와서 받은 은혜나 간증, 기도 제목 등을 자유롭게 나누는 시간이었다. 그날 하나님께서 많은 은혜를 주셨는지 학생들이 많이 올라와서 받은 은혜와 기도 제목을 나누었다.

참 은혜가 되었다. 한참 있다가 아들이 올라가는 게 아닌가. 무슨 말을 할까 궁금하기도 하고, 마음으로는 아버지가 강사로 오셔서 더 은혜가 컸다고 말해주지 않을까 내심 기대도 했다. 그런데 웬걸, 영 아니었다. 전혀 예상 못 한 말을 아들이 하는 게 아닌가. 본인이 수련회에 와서 기도도 하고 은혜를 받고 보니 그동안 자신에게 진짜 믿음이 있었는지, 구원의 확신이 있는지 모르겠다며 자신을 위해 기도해달라는 것이다.

뒤에서 아들의 이야기를 들으면서 두 가지 감정이 생겼다. 하나는 부끄러운 마음이었다. 담임 목사의 아들이 자신에게 확실한 믿음이 있는지 잘 모르겠다고 한다는 게 솔직히 조금 부끄러웠다.

또 하나의 감정은 안타까움이었다. 크리스천 부모의 가장 큰 기도 제목은 자식의 영혼 구원일 것이다. 나도 무엇보다 이것을 위해 기도해왔는데, 아들의 고백을 듣고 있자니 '그동안 아들과 제대로 소통하지 못했구나, 내가 아들을 잘 몰랐구나'라는 생각을 하게 되었다. 나는 내 아들을 아는 줄 알았다. 교회 생활 잘하고 있으니, 기본적으로 갖출 신앙은 다 갖추었겠지, 안심하고 있었다.

그러나 실제는 달랐다. 나는 그동안 아버지로서 아들과 제대로 소통하지 못하고 있었다. 이런 생각이 들자 너무나 큰 안타까움이 밀려왔다.

깨져버린 가정의 현주소

우리 가정뿐만 아니라 아마 많은 가정에서 부모와 자식 간의 관계가 이럴 것이다. 부모 세대가 자녀 세대와 소통되고 있는가? 영적인 차원에서 서로 마음을 주고받고 있는가? 서로 마음을 알고 읽고 있는가? 알고 있다고 생각했지만, 모르는 사이에 마음을 전혀 읽지 못하고 알지 못하는 그러한 부모 자녀 관계가 된 경우가 많을 것이다. 이게 우리다.

하지만 생각해보면 부모와 자녀의 관계처럼 끈끈한 관계는 없다. 앞에서 살펴본 부부 관계는 남녀가 성장하여 성인이 된 후에 결혼으로 맺어지고 누리게 되는 관계다. 하지만 부모와 자녀의 관계는 자녀가 태어나면서부터 모성애와 부성애로 깊이 맺어지는 관계다. 가장 따뜻하고 감격스럽고 감사한 관계인 동시에 아이러니하게도 그 어떤 관계보다 더 상처와 아픔과 거리감이 있는 관계가 되기도 한다.

요즘 매스컴을 통해 종종 보도되고 있는 내용이, 자녀들 가운데 부모로 인해 마음이 상하고 우울증에 시달리고 심지어는 자살까지 하는 경우가 늘고 있다는 것이다. 자녀들뿐만 아니라 부모의 경우에도 자녀 때문에 우울증에 빠지고 삶이 무너져 있는 모습을 적지 않게 목격하게 된다. 우리 사회에 독거노인들이 점점 많아지고, '고독사'라는 말이 생기기도 했다. 분명히 자식들이 있는데, 관계가 완전히 끊어져 혼자 살다가 아무도 모르게 혼자 세상을 떠나는 사람들이 많아졌다.

부모와 자녀 관계가 무너졌다. '그럴 수도 있는 일'로 넘길 문제가
아니다. '노력했는데 안 되네요. 아무리 노력해도 넘지 못할 벽이 있
어요'라고 하며 포기할 수 있는 문제가 아니다. 이 관계가 무너지면
사회도 무너질 수밖에 없다.

구약성경의 마지막 경고

말라기서 4장 5,6절에서 하나님은 이렇게 경고하고 계신다.

보라 여호와의 크고 두려운 날이 이르기 전에 내가 선지자 엘리야를 너희에
게 보내리니 그가 아버지의 마음을 자녀에게로 돌이키게 하고 자녀들의 마
음을 그들의 아버지에게로 돌이키게 하리라 돌이키지 아니하면 두렵건대
내가 와서 저주로 그 땅을 칠까 하노라 하시니라 말 4:5,6

말라기서는 구약성경의 마지막 책이다. 하나님은 말라기 선지자
를 일으키셔서 하나님을 떠난 백성들에게 마지막 계시를 주셨다. 특
히 본문인 말라기서 4장 5,6절은 말라기서의 가장 마지막 두 구절이
다. 말라기서 1장부터 하나님을 떠난 백성들의 모습을 적나라하게
보여주고 있는데, 마지막에 주신 말씀이 부모와 자식 관계에 대한 말
씀이었다.

아버지의 마음은 자식의 마음으로부터 멀어졌고, 자식의 마음은

아버지의 마음으로부터 멀어졌다. 세대 간에 건널 수 없는 거리가 생기고 넘을 수 없는 벽이 생겼다는 말씀이다. 그러니까 하나님은 하나님을 떠난 백성들의 여러 가지 모습을 보여주시는데, 마지막으로 남기신 경고가 바로 이것이다.

"부모와 자녀 세대가 깨졌다."

그만큼 하나님께 이 문제가 심각하고 무거운 죄이자 아픔이 된다고 말씀하시는 것이다. 그러면서 하나님은 경고하신다. 아버지의 마음이 자녀에게로 돌아오지 않고 자녀의 마음이 부모에게로 돌아오지 아니하면 하나님께서 "두렵건대 내가 와서 저주로 그 땅을 칠까 하노라"라고 하셨다.

이 땅을 치고 싶지는 않은데, 그래야 할 수밖에 없는 상황이 될 것 같아서 두렵다고 하시며 하나님이 경고하시는 것이다. 그렇게 구약의 계시가 끝난다.

그리고 사백 년 동안 하나님은 침묵하신다. 말씀을 주셔야 갈 길을 알 수 있고, 희망을 찾을 수 있고, 하나님의 새 능력을 받을 수 있는데, 하나님은 사백 년 동안 아무 말씀도 안 하셨다. 심판하시는 것이다. 돌아오지 않고 있는 모습을 하나님이 보신 것이다.

이 말씀을 오늘날 우리에게도 적용해보아야 한다. 영원하신 하나님이 이전에 이러한 모습을 심각하게 보시며 경고의 말씀을 주시고 심판하셨다면, 오늘날도 그럴 수 있다는 것이다. 점점 부모 자녀 관계가 망가지고 돌아오지 못하는 길로 가버리고 있는데, 이러한 모습으로 계속 가면 하나님께서 어느 순간에 심판하실 것이다. 그러니 우리가 경각심을 가지고 이 부분을 심각하게 받아야 한다.

이 나라는 하나님이 보호해주시고 도와주셔야 한다. 개인의 흥망성쇠는 물론, 나라의 흥망성쇠도 우리 힘으로 어떻게 할 수 없다. 우크라이나나 뒤르키예를 보라. 전쟁이 한번 터지고 자연재해가 한번 스치고 지나가니까 나라가 완전히 쑥대밭이 되었다. 하나님이 지켜주셔야 하는데, 깨어진 부모와 자녀의 관계로 인해 하나님의 은혜의 손길이 거두어질 수도 있다는 무서운 경고의 말씀이 주어지고 있는 것이다. 정말 너무나 심각한 얘기다. 하나님이 이 문제를 이렇게 심각하게 여기고 계시다면, 우리도 심각하게 생각해야 한다.

부모와 자녀 관계가 변화되어야 하는데, 그 변화는 기능적인 관계의 변화를 말하는 게 아니다. 이 책에서 계속 다루고 있는 것처럼 우리가 진정한 그리스도인으로 변화를 이루고 성숙을 맺기 위해서는 내가 변해야 하고 내 마음이 변해야 하는 것이다. 부모와 자녀의 관계 역시 내가 어떤 새로운 마음과 자세를 가져야 하는지에 초점을 두고 살펴보려고 한다.

그 중심에 말씀이 있어야 한다

오늘날 부모와 자녀의 관계가 너무 많이 깨어지고 망가졌는데, 어디서부터 이렇게 잘못된 것일까? 어디서부터 빗나간 것인가? 말씀을 보면 명확하다. 말씀이 그 중심에 없기 때문이다. 여기서부터 부모 자녀 관계가 무너지기 시작했다.

성경은 그 어느 관계보다 말씀이 중심에 있는 관계로 부모와 자녀의 관계를 설명해주신다.

예를 들어, 하나님은 십계명에서 부모와 자녀의 관계에 대한 계명을 다섯 번째 계명으로 주셨다. 십계명은 모든 계명의 핵심이 되는 것인데, 하나님은 그 십계명의 제5계명에서 "너희는 부모를 공경하라"라고 말씀하셨다. 이것은 단순히 자녀들에게만 부모를 공경하라는 게 아니라 부모도 공경받을 수 있는 사람이 되라는 말씀이다.

왜냐하면 제1계명부터 4계명까지는 하나님을 어떻게 섬겨야 하는지, 하나님과의 관계에 대한 계명인데 그에 이어지는 바로 다음 계명이 부모와 자녀 관계에 주시는 계명이다. 하나님과의 관계에서 이웃과의 관계로 이어질 때에 그 첫 번째 관계로 꼽으신 것이 부모와 자녀의 관계라는 것이다.

이는 우리가 하나님을 아버지로 섬기듯이 부모를 공경하라는 것이며, 또한 하나님이 존경받으시고 영광을 받으시기에 합당하신 것처럼, 부모도 공경받을 수 있는 명분과 성품을 가지고 살라는 의미가 담겨 있다.

양방의 관계이다. 이를 통해 알 수 있는 것은, 하나님은 부모와 자녀와의 관계를 말씀으로 해석해주고 계시다는 것이다.

이밖에도 성경을 보면 율법서, 선지서, 복음서, 서신서 등 신약과 구약 곳곳에서 말씀으로 얼마나 명확하게 부모와 자녀의 관계를 알려주고 있는지 모른다. 그만큼 말씀이 중심이 된 관계가 부모와 자녀의 관계다. 그렇다면 이 관계가 이렇게 망가졌다는 것은 우리가 더 이상 말씀을 따라서 유지하고 있지 않기 때문인 것이다.

말씀으로 자녀를 양육하라

두 번째 본문인 에베소서 6장도 부모와 자녀의 관계에 대한 말씀인데, 여기서 하나님께서는 이 관계가 어떻게 이루어져야 하는지 정확하게 말씀하신다.

먼저 부모에게 주시는 말씀을 보자.

또 아비들아 너희 자녀를 노엽게 하지 말고 오직 주의 교훈과 훈계로 양육하라 엡 6:4

하나님은 여기서 분명히 부모 세대가 자신의 기질과 생각대로, 세상의 트렌드를 따라 자녀를 양육하는 게 아니라 주의 교훈과 훈계로, 즉 주의 말씀으로 양육하며, 자녀들을 노엽게 하지 말라고 하신다. 이것이 하나님의 명확한 가르침이다.

그런데 지금 부모들은 자녀들을 어떻게 양육하고 있는가? 말씀보다는 우리의 기질과 본성으로 세상의 트렌드를 따라 자녀들을 양육하려고 한다. 하나님은 가정이 복음이 전수되는 곳이 되길 원하시는데, 우린 교회에 자녀의 신앙 교육을 다 맡겨버린다. 그리고 집에서는 욕심을 따라 자녀들을 강압적으로 이끌려 한다.

특히 언제 이런 것을 실감하냐면 중고등부 수련회에 갈 때다. 우리 교회에서는 여름에 한 번, 겨울에 한 번 일년에 두 번 수련회를 가는데, 각각 2박 3일씩 다 합쳐도 6일이다. 그런데 부모들이 안 보내려고 한다. 아이들은 가고 싶어 하는데 학원이나 시험 때문에 부모들이 막는다는 것이다. 믿음이 없는 부모들도 아니다. 우리 교회의 중직자들, 집사님, 권사님들의 자녀들 이야기다. 왜 이렇게 되었는지 모르겠다.

나는 어릴 때 미국으로 이민을 가서, 뉴욕에서 자랐다. 그래서 주변에 유대인 친구들이 많았는데, 이 친구들은 안식일 날 공부를 안 했다. 랍비들과 함께 성경을 공부하고 율법을 공부한다. 그런데 참 희한하게도 우리보다 공부할 시간이 부족할 것 같은데도 훨씬 앞선다. 그들이 지금은 다 금융권, 예술계, 대학 교수 등 각 분야의 엘리트로 일하고 있다.

생물학자들이 말하기를, 우리가 일평생 우리 두뇌를 많이 써봤자 5퍼센트라고 한다. 그러니까 아직 쓰이지 않는 95퍼센트가 있다는 것이다. 그렇게 생각해보면 하나님이 여기서 0.01퍼센트만 더 열어주셔도 세상을 움직일 수 있는 굉장한 지식인이 될 수 있지 않겠는가? 하나님이 은혜와 지혜를 주셔야 한다는 것이다.

몇 년 전에 폭발적인 인기를 끌었던 〈스카이캐슬〉이란 드라마가 있다. 부모들이 아이들을 강압적이고 권위적으로 통제하면서 명문대학에 보내기 위해 애를 쓴다. 좋은 대학에만 갈 수 있다면 도덕과 윤리, 친구 관계는 다 뒷전이다. 자신이 평생 못 이룬 학벌에 대한 꿈을 자녀를 통해 이루려는 욕심을 가지고 자녀들을 끌고 당긴다. 드라마는 그런 부모의 욕심이 가정을 파탄시키고 아이들의 정서를 망가뜨리는 모습을 적나라하게 보여주었다. 그럴수록 아이들은 노엽게 된다. 지치고 화나고 짜증 나면서 관계가 무너지고, 가정이 무너지며, 결국 사회가 무너진다.

하나님의 말씀을 따라 살지 않기 때문이다. 신앙인인데도 신앙은 교회에 맡기고 집에서는 내 생각대로, 내 기질과 본성대로, 세상의 추세대로 자녀들을 양육한다. 그것이 아이들을 노엽게 한다. 그렇기 때문에 관계가 깨지는 것이다.

하나님은 부모에게 자녀를 노엽게 하지 말라고 하신다. 그들을 심적으로나 영적으로 지치게 하고 탈진되게 하지 말라는 것이다. 오늘날 우리 자녀들은 지쳐 있다. 영적으로 탈진되어 있다. 교회에서 자란 자녀들도 성인이 되어서는 교회를 떠나는 경우가 점점 많아지고 있다. 말씀이 중심이 되어 자녀를 양육하지 않아서이다. 그리고 자녀들을 노엽게 했기 때문이다. 이 관계가 변화되어야 한다. 우리의 자녀를 주의 말씀으로 양육하기 시작해야 한다.

주 안에서 부모에게 순종하라

하나님은 자녀들에게도 말씀하신다.

자녀들아 주 안에서 너희 부모에게 순종하라 이것이 옳으니라 엡 6:1

하나님은 자녀들을 향해 '주 안에서 부모에게 순종하라'라고 하셨다. 주 안에서 순종하라고 하셨기에 죄짓기를 종용하는 것까지 순종할 필요는 없지만, 죄 아닌 것은 주 안에서 부모에게 순종하는 것이 하나님 보시기에 옳은 길이라고 말씀하시는 것이다.

네 아버지와 어머니를 공경하라 이것은 약속이 있는 첫 계명이니 이로써 네가 잘되고 땅에서 장수하리라 엡 6:2,3

하나님은 계명으로 말씀하신다. 아버지와 어머니를 공경하라는 것이 하나님의 계명이라면, 이 안에 하나님의 기뻐하시는 뜻이 담겨 있다는 것이다. 계명을 따라 우리가 순종하며 산다면 하나님이 기뻐하신다. 하나님의 기쁨이 있기 때문에 복이 있다고 말씀하신다. 하나님의 계명이라면, 적어도 믿는 자들에게는 이것이 내 마음에 내키면 하고, 안 내키면 안 할 수 있는 것이 아니다.

우리가 왜 선교하는가? 하나님께서 명령하셨기 때문이다. "너희는 가서 모든 족속으로 제자를 삼으라"라고 주님이 명령하셨기 때문에 우리가 따르는 것이다. 우리가 봉사를 왜 하는가? 나 살기도 바쁘고 피곤한데 주일에 교회에 나와서까지 봉사하는 것을 세상 사람들은 이해 못 할 것이다. 봉사를 한다고 돈을 받거나 점수를 받는 것도 아니다. 아무것도 돌아오는 게 없는데 그래도 봉사를 한다. 하나님의 뜻이기 때문이다.

이는 성도를 온전하게 하여 봉사의 일을 하게 하며 그리스도의 몸을 세우려 하심이라 엡 4:12

"부모에게 순종하고 부모를 공경하라"는 것도 우리에게 계명으로 주신 하나님의 말씀이다. 그렇기에 내 마음이 내킨다고 순종하고, 안 내킨다고 안 할 수 없는 것이다. 이것에 대해 깊이 인식하고 있어야 한다. 하나님이 명하신 것이라면 하나님이 기뻐하시는 일이라는 것을 기억해야 한다.

더욱이 하나님은 이 말씀이 "약속이 있는 첫 계명"이라고 하신다. 하나님은 우리가 부모에게 순종하고 공경할 때 우리가 땅에서 잘되고 장수하는 복을 받게 되리라고 약속해주셨다.

우리는 다 하나님의 복을 바라지 않는가? 하나님의 복을 바란다면 하나님의 기쁨이 있는 곳으로 내가 움직여야 한다. 우리의 삶을 움직여야 한다. 그중의 하나가 부모를 주 안에서 순종하고 공경하는 것이다.

부모와 자녀의 관계는 하나님이 허락하신 관계다. 하나님께 순복하듯이 부모에게도 순복할 수 있어야 한다. 그런 면에서 부모님의 연약함을 품으라.

이 세상에 완벽한 부모는 없다. 누구라도 부모가 되면 자신에게 얼마나 결핍이 많은지를 알게 될 것이다. 자신이 미처 알지 못했던 결핍이 자녀들을 통해서 확실히 드러나곤 한다.

모든 부모에게는 연약함이 있고 우리 자신에게도 연약함이 있다. 우리는 부모님의 연약함을 품을 수 있어야 한다. 그래야 하나님이 허락하신 관계 안에서 하나님이 원하시는 순종과 공경이 가능하다.

우리가 이렇게 순종할 때 하나님이 기뻐하시며 복을 부어주실 줄 믿는다. 우리가 하는 일이 잘되고 땅에서 장수하게 하실 것을 믿는다. 하나님의 약속이 있는 계명이기 때문이다.

지금까지 말라기서와 에베소서를 함께 살펴봤는데, 이 말씀을 종합하여 부모와 자녀의 무너진 관계와 신뢰를 회복하기 위해 우리가 붙잡아야 하는 세 가지 원칙을 세워보려고 한다.

부모와 자녀, 서로 존중하라

첫째로는 서로를 존중하며 귀하게 여기는 것이다. 부모와 자녀 사이의 신뢰가 깨지고 무너진 관계가 되었는데, 이것은 우리가 말씀을 따라서 관계를 지탱하지 못했기 때문이다. 그렇다면 이제 말씀을 따라서 돌아오는 것이 회복의 길인데, 그것을 어떻게 할 수 있는가 하니, 서로를 존중하며 귀하게 여기는 것이다.

부모들이여, 자녀는 내 소유가 아니다

간혹 '존중히 여기는 것'은 부모들과는 상관없는 것이고 자녀들에게만 해당된다고 생각하는데, 천만의 말씀이다. 이것은 오히려 자녀보다 부모에게 더 적용되어야 하는 부분이다. 이것을 못해서 자녀들이 아프고 무너진다.

자녀들을 자기 자식으로 보기 전에, 하나님께서 맡겨주신 하나님의 자녀라고 볼 수 있어야 한다. 하나님의 자녀, 하나님의 사람, 언젠가 하나님이 부르신 곳에서 하나님을 섬겨야 하는 하나님의 종으로 볼 때에 존중하며 귀하게 여기게 되는 것이다.

시편 127편에서 시편 기자는 자식을 '장사의 화살통에 있는 화살과 같다'고 비유했다.

젊은 자의 자식은 장사의 수중의 화살 같으니 이것이 그의 화살통에 가득한 자는 복되도다 그들이 성문에서 그들의 원수와 담판할 때에 수치를 당하지 아니하리로다 시 127:4,5

언젠가는 장사가 그 화살을 쏠 것이다. 그러면 화살은 멀리 날아갈 것이다. 즉, 부모의 권한에서 벗어나 하나님을 위해 충분하게 일할 수 있게 되는 것이다.

그러니 부모는 자녀들을 존중하고 하나님의 사람으로 귀히 여겨야 한다. 그들은 나의 소유가 아니라 하나님의 유산이다. 나의 자녀이기 이전에 하나님의 자녀다.

나에게도 세 자녀가 있다. 어느 부모가 안 그렇겠냐마는 세 자녀를 향한 나의 사랑은 특별하다. 그건 누구도 끊을 수 없다. 그럼에도 불구하고 이 아이들은 하나님의 자녀다. 언젠가는 놓아주어야 하는 존재다. 우리 아이들은 성인이 되어 이미 독립했기 때문에 이제 스스로 하나님의 길을 걸어야 한다.

이것을 기억해야 한다. 자녀를 향해 아무리 특별한 사랑이 있다고 해도, 그 아이들은 부모의 소유가 아니라 하나님이 맡겨주신 하나님의 자녀이며, 언젠가 부모를 떠나 하나님의 길을 걷게 될 하나님의 사람이다. 부모의 슬하에 두고 내 계획대로 사는 아이들이 아님을 기억하고, 그들을 존중함으로 대해야 한다.

부모의 연약함을 품는 자녀가 되라

자녀들도 마찬가지다. 자녀들도 부모님을 존중하며 귀하게 여길 수 있어야 한다. 레위기 19장에 이런 말씀이 있다. 애굽에서 나온 이스라엘 백성에게 주시는 말씀이다.

여호와께서 모세에게 말씀하여 이르시되 너는 이스라엘 자손의 온 회중에

게 말하여 이르라 너희는 거룩하라 이는 나 여호와 너희 하나님이 거룩함이
니라 레 19:1,2

이스라엘 백성을 애굽에서 인도해내신 후에 하나님은 '너희는 내
백성이다. 내가 거룩하니 너희도 거룩해야 한다. 나의 성품을 닮아
야 한다'라고 하시며 하나님처럼 거룩하게 사는 것이 무엇인지를 구
체적으로 말씀해주셨다. 그러면서 가장 먼저 주신 말씀이 이것이다.

너희 각 사람은 부모를 경외하고 나의 안식일을 지키라 나는 너희의 하나님
여호와이니라 레 19:3

하나님을 닮는 모습이 무엇인가? 하나님의 마음을 가지고 사는
게 무엇인가? 이 질문 앞에서 가장 먼저 주신 것이, 하나님을 경외하
듯이 부모를 공경하라는 말씀이다. 그러니 우리는 하나님이 부모에
게 허락하신 주권을 인정하면서 존중하고 귀하게 여겨야 한다.

그러려면 부모들의 연약함을 품을 수 있어야 한다. 앞에서도 언급
한 것처럼, 완벽한 부모는 없다. 내게도 귀한 부모님이 계시고 나는
부모님을 매우 존경하지만, 그렇다고 완벽하시진 않다. 나에게 상처
를 준 적도 있고, 인간적인 연약함도 있으시다. 그리고 나 역시 완벽
한 부모가 아니다. 얼마나 부족함이 많고 아이들에게 아픔을 주는
아버지인지 모른다. 모든 부모에게는 이렇게 연약한 모습들이 있다.

자녀로서 부모의 그런 연약한 모습 때문에 상처가 쌓이면 마음이 다칠 수 있다. 하지만 하나님께서 하나님을 존중히 여기며 하나님을 경외하듯이 부모를 경외하라고 했으니, 우리는 부모님의 연약함을 품을 수 있어야 한다. 품고 사랑하고 용납하고 용서하고 존중할 수 있어야 한다.

나와 아버지의 관계는 참 독특하다. 나는 맏아들이기 때문에 아버지와 나름대로 깊은 관계를 가지고 있는데, 우리 아버지 세대는 대부분 감정표현을 잘 못하신다. 아버지도 그러셨다. 그래서 나는 2017년이 되기 전까진 아버지에게 사랑한다는 말을 들어본 적이 없다.

아버지 세대 분들에게 왜 사랑한다고 말씀을 안 하시냐고 물으면 대부분 '말해야 하니? 다 느껴!'라고 하신다. 느낄 수 있게 말 좀 해주시면 좋겠는데, 그걸 못하시는 것이다. 그래서 아버지를 존경은 하지만, 정서적으로나 감정적으로 거리감이 좀 있었고, 상처도 좀 있었다.

그런데 2017년도에 안식년을 통해서 하나님이 나의 내면을 깊이 만져주셨다. 그러면서 자녀들과의 상처와 아버지와의 상처를 극복하게 하셨다.

전에는 아버지를 만나면 십 분에서 십오 분이면 할 말이 다 끝나곤 했다. 일 년 만에 만나도 십오 분 이상 할 이야기가 없었다. 그런데 그때 요양원에 계신 아버지 옆에서 한두 시간 정도 침묵하며 가만히 앉아 있었는데, 너무 좋았다. 그냥 아버지 옆에 있는 게 너무 좋았다. 한 번도 느낀 적 없는 기분이었다. 아버지를 있는 모습 그대로 받아들이고 존중하며 사랑할 수 있게 하나님이 내 마음을 만져주신 것이다. 그 시간들을 통해 나를 만져주시고 가정을 새롭게 하시는 회복을 체험하게 되었다.

조건 없이 있는 모습 그대로, 부모님의 연약한 모습 그대로 사랑하고 존중하고 받아들일 수 있어야 한다. 서로를 존중하며 귀하게 여기는 부모 세대와 자녀 세대가 되기를 예수님의 이름으로 기도한다.

성품과 삶으로 하나님의 사랑을 드러내라

부모와 자녀의 관계와 관련하여, 두 번째 권면은 성품과 삶으로 하나님의 사랑을 드러내야 한다는 것이다.

오늘날 교회에서 어린 시절을 보낸 많은 크리스천 자녀들 중 상당수가 자라면서 가나안 성도가 되어버린다는 것을 들어보았을 것이다. '가나안' 성도는 교회에 '안 나가'는 성도를 말한다. 우리나라도 그렇고 미국도 그런 젊은이들이 점점 많아지고 있다. 교회에서 자랐는데 왜 가나안 성도가 되는 것일까?

왜냐하면, 위선을 보았기 때문이다. 교회에서는 그렇게 상냥하고 인자하고 사랑이 많은 부모님이 집에 와서는 변한다. 성품은 집 안에서 적나라하게 드러난다. 자식들은 그걸 보는 것이다. 그러니 부모의 위선적인 모습에 상처가 생기고, 그게 쌓이면서 부모가 다니는 교회, 부모가 믿는 하나님을 향해 마음을 닫고 마는 것이다.

이렇게 상처와 아픔이 쌓인 관계가 회복되기 위해서는 성품과 삶으로 사랑해야 한다. 사랑 말고는 해결책이 없다. 신뢰가 깨졌는데, 이 깨진 신뢰는 사랑으로만 고칠 수 있다. 그런데 그 사랑이 말과 혀로 하는 사랑이 아니라 성품과 삶으로 하는 사랑이어야 한다.

앞 장에서 남편과 아내의 관계를 다루며, 고린도전서 13장에 나오는 사랑에 대해 생각해보았다. 그것이 성품과 삶으로 하는 사랑인데, 어떤 사랑인가?

오래 참고 친절한 사랑이다. 자기의 유익을 구하지 않는 사랑이다. 상대방을 통해 자신의 결핍을 채우려고 하지 않는 사랑이다. 원한을 품지 않는 사랑이다. 모든 것을 믿으며 모든 것을 바라며 모든 것을 견디는 사랑이다. 이런 사랑이 성품과 삶으로 하는 사랑이다.

사람마다 비교적 건강한 가정에서 자란 사람도 있고, 아니면 꽤나 힘든 가정에서 자란 사람도 있겠지만, 어떤 가정에서 자랐든 누구나 상처는 다 있다. 우리가 넘어야 할 장벽이 없는 가정이 없다. 그렇다면 그 장벽을 어떻게 넘어갈 것인가? 하나님의 사랑으로 내가 변해야 한다. 그리고 하나님의 사랑이 나의 성품이 되고, 나의 삶이 될 수 있어야 한다.

자녀들은 부모를 있는 모습 그대로 존중하고 사랑하며 하나님의 사랑이 성품이 되어서 용서하고 받아들여야 한다. 또 부모의 입장에서는 자녀가 도저히 이해가 안 될지라도 권위로 강압하거나 밀어붙

이지 말고 하나님의 일하심의 방법과 때를 기다려야 한다. 인격적인 사랑은 기다리는 사랑이다. 우리의 관계가 회복되기 위해 성품과 삶으로 사랑할 수 있기를 바라며, 이 사랑으로 깨어진 부모와 자녀의 관계가 회복되기를 바란다.

은혜의 사이클을 시작하라

마지막으로 세 번째 권면은, 이제 은혜의 사이클을 시작하라는 것이다.

우리 가정 가운데 오해와 불신과 적대감의 악순환이 계속되면 거기서 벗어나지 못할 때가 있다. 무력하게 이 악순환을 그냥 받아들일 때가 있다. 싸우고 또 괜찮다가 일주일 지나면 또 싸우는, 이런 악순환을 받아들이게 되어버린다. 그런데 이것을 끊어야 한다.

이 악순환은 은혜의 사이클을 시작할 때 끊어진다. 은혜의 사이클은, 가정에서 하나님의 은혜의 삶을 사는 것이다. 지금까지 우리 가정이 아무리 문제가 많고, 힘들고, 이미 망가졌다고 생각되어도, 적어도 우리가 예수 믿는 사람이라면 이 말씀을 기억해야 한다.

보라 지금은 은혜 받을 만한 때요 보라 지금은 구원의 날이로다 고후 6:2

지금이 중요하다. 지금이 은혜 받을 만한 때다. 결코 돌이킬 수 없는 과거에 집착하지 말고 오늘을 보아야 한다. 오늘 새로 시작할 수 있다는 것이 하나님의 은혜다. 지금부터 용서와 사랑과 은혜의 사이클을 시작하면 된다. 오늘 해야 할 사랑을 하고, 오늘 사랑할 사람을 사랑하고, 오늘 용서할 사람을 용서하고, 오늘 용납할 사람을 용납하고, 오늘 축복할 사람을 축복하자.

이것이 은혜의 사이클을 시작하는 것이다. 오늘, 하나님의 은혜를 다시 붙잡자.

신실하신 하나님이 주신 약속

하나님은 말라기서에서 구약의 마지막 경고를 주셨지만, 감사하게도 하나님은 경고만 주시지 않았다. 사랑의 하나님이시기 때문에 약속의 말씀을 함께 주셨다. 말라기서 4장 5,6절 말씀을 다시 보자.

보라 여호와의 크고 두려운 날이 이르기 전에 내가 선지자 엘리야를 너희에게 보내리니 그가 아버지의 마음을 자녀에게로 돌이키게 하고 자녀들의 마음을 그들의 아버지에게로 돌이키게 하리라 말 4:5,6

이 약속을 붙잡자. 하나님은 아버지의 마음을 자녀에게로, 자녀들의 마음을 아버지에게로 돌이키게 해주시겠다고 약속하셨다.

하나님이 보내주시겠다고 약속하신 엘리야는 세례 요한을 가리키는 것인데, 하나님은 그를 통해 예수님이 오실 길을 예비하게 하셨다. 예수님으로 말미암아 우리는 그분 안에서 항상 새로운 은혜의 사이클을 시작할 수 있는 것이다.

예수님의 족보를 자세히 살펴본 적이 있는가? 마태복음 1장에 나오는 예수님의 족보를 보면, 거기엔 망가진 가족들이 여럿 보인다. 예를 들어, 유다는 며느리 다말과 동침하여 베레스와 세라를 낳았는데, 그 두 쌍둥이의 이름이 예수님의 조상 중에 버젓이 나오고 있다. 다윗이 자신의 아내가 아닌 우리야의 아내에게서 아들 솔로몬의 이름도 있다. 그것도 "우리야의 아내에게서 솔로몬을 낳고"라고 명시되어 있다. 성경은 망가지고 부서진 가정을 그대로 보여준다. 그리고 바벨론으로 잡혀간 세대가 쭉 나열되어 있는데, 그들은 모두 아비의 죄가 자손들에게 이어지면서 하나님의 심판을 받았던 자들이다.

이것이 신약의 첫 페이지다. 사백 년만에 말씀을 허락하신 하나님이 신약성경의 첫 페이지를 통해 '이렇게 망가지고 수치 덩어리인 가족들인데도 불구하고 내가 수치스러워하지 않는다. 내가 부끄러워하지 않는다'라는 메시지를 주시는 것이다.

당신의 가정이 아무리 부끄러울지라도, 남들에게 알리지 못하는 부끄러운 상황일지라도 하나님은 당신의 가정을 부끄러워하지 않으신다. 이게 소망이다. 부끄러워하지 않고 그 가정을 회복하신다. 망가진 가족, 부서진 가문을 들어 예수님의 조상의 자리에 앉혀주신 것처럼, 하나님은 우리 가정을 회복하시어 영광의 자리에 앉게 해주실 것이다. 하나님은 회복하시는 신실하신 하나님이다!

그러니 소망을 가지길 바란다. 아무리 무너졌을지라도 하나님이 새롭게 하시면 새롭게 될 줄로 믿는다. 오늘이 구원의 날이요, 오늘이 은혜의 날이다. 우리 상황이 어떻든, 오늘 악순환을 끊고 예수님 안에서 새로운 은혜의 사이클을 시작하길 바란다.

창세기 3장 17-19절

17 아담에게 이르시되 네가 네 아내의 말을 듣고 내가 네게 먹지 말라 한 나무의 열매를 먹었은즉 땅은 너로 말미암아 저주를 받고 너는 네 평생에 수고하여야 그 소산을 먹으리라 18 땅이 네게 가시덤불과 엉겅퀴를 낼 것이라 네가 먹을 것은 밭의 채소인즉 19 네가 흙으로 돌아갈 때까지 얼굴에 땀을 흘려야 먹을 것을 먹으리니 네가 그것에서 취함을 입었음이라 너는 흙이니 흙으로 돌아갈 것이니라 하시니라

골로새서 3장 22절-4장1절

22 종들아 모든 일에 육신의 상전들에게 순종하되 사람을 기쁘게 하는 자와 같이 눈가림만 하지 말고 오직 주를 두려워하여 성실한 마음으로 하라 23 무슨 일을 하든지 마음을 다하여 주께 하듯 하고 사람에게 하듯 하지 말라 24 이는 기업의 상을 주께 받을 줄 아나니 너희는 주 그리스도를 섬기느니라 25 불의를 행하는 자는 불의의 보응을 받으리니 주는 사람을 외모로 취하심이 없느니라 1 상전들아 의와 공평을 종들에게 베풀지니 너희에게도 하늘에 상전이 계심을 알지어다

chapter 12

갈등뿐인 직장 관계,
공정과 성실로 서로를 존중하라

갈등뿐인 직장에서의 상하관계

관계는 우리의 삶이다. 사람과 관계를 맺지 않고 살아가는 사람이 누가 있겠는가. 계속 강조하듯이, 크리스천이라면 옛 모습을 버리고 새로운 예수님의 형상으로 옷 입어야 하는데, 골로새서 3장을 보면 우리가 무엇을 벗고 무엇을 입어야 하는지 구체적으로 알려주고 있다.

주님은 여기서 우리의 속사람이 어떻게 변해야 하는지 설명하신 후에 즉시 우리의 관계에 대한 말씀으로 연결해주신다. 남편과 아내, 부모와 자녀의 관계에 대해 말씀하신 후, 3장 22절부터 4장 1절까지는 상전과 종의 관계에 대해 말씀하신다. 그만큼 우리의 내면의 변화와 함께 관계에서도 변화를 입어야, 우리의 삶이 진정 그리스도의 형상으로 변화될 수 있음을 보여주시는 것이다.

남편과 아내, 부모와 자녀같이 가족 관계는 아니지만, 오늘날 우리가 결코 외면할 수 없는 것이 직장에서 만나는 사람들과의 관계다.

대부분의 사람들의 생활 반경을 보면, 특히 신앙생활 하는 사람들의 경우 그들이 일상에서 주로 머무는 곳은 딱 세 군데다. 교회, 가정, 직장이 끝이다.

당신의 직장이나 사업장에서 맺어진 상하관계는 어떤가? 좋은가? 무난한가? 대부분은 그렇지 않을 것이다. 다양한 모양의 갈등이 있을 것이다. 그만큼 직장에서의 관계 문제가 우리 삶에 큰 비중을 차지한다.

성도들이 내게 기도를 부탁할 때 기도제목을 보면, 크게 네 가지 영역의 기도제목이 가장 많았다. 가정을 위한 기도, 건강을 위한 기도, 경제적인 어려움을 위한 기도, 그리고 직장을 위한 기도다. 직장을 찾기 위해서도 기도를 부탁하지만, 다니고 있는 직장이 너무 힘들어서 특히 관계가 너무 힘들어서 기도를 부탁하는 경우가 정말 많다.

사업을 하거나 기업을 운영하는 사람들은 직원 다루는 것이 너무 스트레스라고, 배신을 많이 당해서 힘들다며 좋은 직원을 만나게 해달라고 기도를 부탁한다. 그리고 직원들의 경우엔 상사나 경영진으로부터 받는 상처와 스트레스로 너무 괴로워하면서 여기서 얼마나 더 있어야 할지 모르겠다며 기도를 부탁하곤 한다.

오늘날 직장에서의 상하관계는 갈등 관계의 대명사처럼 되어 있다. 그런 현실을 보시고 하나님이 주시는 말씀이 있다. 그런 갈등의 현장에서 우리가 어떻게 변화되어야 하고, 성숙해져야 하는지, 그래서 우리가 어떻게 직장이란 영역에서도 하나님이 기뻐하시는 새로운 관계를 추구해야 하는지를 말씀해주신다.

고통이 되어버린 일

먼저, 우리의 현실이 왜 이렇게 되었는지를 생각해보는 것이 도움이 될 것 같다. 본문인 창세기 3장 말씀을 보자. 여기서 하나님은 죄로 인해 실족한 아담에게 죄의 대가에 대해 말씀하신다.

아담에게 이르시되 네가 네 아내의 말을 듣고 내가 네게 먹지 말라 한 나무의 열매를 먹었은즉 땅은 너로 말미암아 저주를 받고 너는 네 평생에 수고하여야 그 소산을 먹으리라 땅이 네게 가시덤불과 엉겅퀴를 낼 것이라 네가 먹을 것은 밭의 채소인즉 네가 흙으로 돌아갈 때까지 얼굴에 땀을 흘려야 먹을 것을 먹으리니 네가 그것에서 취함을 입었음이라 너는 흙이니 흙으로 돌아갈 것이니라 하시니라 창 3:17-19

하나님이 천지를 창조하시고 그분의 형상을 따라 인간을 창조하셨을 때, 하나님은 인간에게 피조세계를 다스리고 돌보라고 맡겨주셨다. 하나님의 동산을 대신 맡아서 관리할 청지기로 세워주신 것이다. 하나님은 그 일을 통해 인간을 축복하길 원하셨다.

인간이 타락하기 전, '일'은 하나님의 사역을 감당하는 영광이자 특권이었다. 우리의 삶이 사명이 되는 것이고, 우리의 삶이 윤택하게 되며, 자긍심으로 가득 채워질 수 있도록 하나님이 허락하신 축복의 도구였던 것이다. 그런데 이것이 인간의 타락과 함께 와르르 무너졌다. 죄 때문에 일의 개념이 깨져버린 것이다. 그 후로 일은 인류에게 부담이 되고 짐이 되었으며 할 수만 있다면 피해 가고 싶은 요소가 되어버렸다.

하나님께서 아담에게, '네가 죄로 말미암아 대가를 치를 것'이라고 말씀하신다. 이제부터는 무척 애쓰고 노력해야만 땅에서 나는 소산을 얻게 될 것이라고 말씀하신다. 또 일평생 어려운 짐과 부담 가운데 일을 하다가 흙으로 돌아갈 것이라고 말씀하신다.

이렇듯 인간의 죄로 인해 하나님이 주신 대가는 일과 연결되어 있다. 그러니 인류의 역사가 진행되면서 우리의 직업 터전이 평화로울 수가 없다. 갈등의 구조가 될 수밖에 없는 것이다.

경영진은 회사와 사업의 이익을 가장 많이 남기는 데 우선순위를 두고, 직원들은 열심히 일한다 하더라도 너무 탈진하거나 몸이 망가지지 않도록 균형 있게 하려고 한다. 그러면서 갈등 구조로 이어지는 것이다. 우리나라는 물론 세계 어느 나라를 보더라도, 기업과 노조는 갈등 구조로 갈 수밖에 없다. 아마도 예수님이 다시 오실 때까지 이 갈등 구조는 계속되리라. 한쪽은 회사 차원의 이익을 남겨야 하고, 한쪽은 개인의 삶에 이익을 남겨야 하니 이 둘의 입장이 상충될 수밖에 없는 것이다. 그러한 갈등의 장이 우리의 일터의 영역이 되었다.

일의 패러다임을 바꿔주셨다

이런 가운데, 성경은 너무나 획기적이고 놀라운 말씀을 선포한다.

> 무슨 일을 하든지 마음을 다하여 주께 하듯 하고 사람에게 하듯 하지 말라
>
> 골 3:23

이 말씀은 '일'의 패러다임을 완전히 바꿔주는 말씀이다. 적어도 예수님을 믿는 크리스천에게는 그렇다. 크리스천이라면 이제 무슨 일을 하든지 주께 하듯 할 수 있다는 새로운 개념이 적용되었다. 그 이유는 예수님께서 죄로 망가진 갈등의 한복판으로 들어오셨기 때문이다. 예수님이 오셔서 우리의 삶 전체를 전인적으로 구원하셨기 때문이다.

예수님은 우리의 영혼만 구원하시는 것이 아니라 우리의 삶 자체를 주님의 것으로 만드신다. 우리의 몸과 영혼, 내가 속한 가정, 모든 관계까지도 다 구속하시고 주님의 것으로 만드신다. 그래서 성경은 '이제 그리스도 안에 있는 자는 새로운 피조물'이라고 하는 것이다.

새로운 피조물이 되기 전까지는 일에 있어서 아담에게 내리신 저주가 그대로 적용되었다. 일이란 우리에게 부담이며 짐이고 할 수만 있다면 피해 가고 싶은 것이었다. 그런데 새로운 피조물이 되는 순간에 일은 우리에게 하나님을 섬길 수 있는 새로운 도구가 된다. 일을 통

해 우리는 주님을 섬기며 영화롭게 할 수 있는 것이다. 갈등과 아픔으로 망가진 우리의 일터 역시 전인적인 구원을 베푸신 예수님이 고쳐주신 것이다.

골로새교회를 향해 이 말씀이 선포된 1세기 로마 지중해 세계의 교회들을 보면, 성도 대부분이 종의 신분이었다. 자유인들이 아니었다. 로마 사회의 약 3분의 2가 종들이었고, 3분의 1 이하만 자유인들이었다. 소수의 자유인들이 상전이고 나머지 다수는 일꾼들이었다. 일이 너무 힘들고 버거우니 예수님을 믿고 복음을 붙잡은 자들이 많아지면서, 교회 성도의 80~90퍼센트가 종들이었다고 추측할 수 있다.

그런 그들에게 "무슨 일을 하든지 주께 하듯 하고 사람에게 하듯 하지 말라"라고 말씀하신 것이다. 이것은 삶의 철학을 바꾸는 아주 근본적인 변화를 가져다준 말씀이다.

구약시대 때는 성직(聖職)이 따로 있었다. 그때는 밖에서 논을 갈거나 목수 일을 하거나 돌을 깎는 일들은 성직이라고 하지 않았다. 하나님의 성전에서 특별한 사명을 받아 하는 일만이 성직이었다. 그런데 이제 이 말씀으로 우리가 하는 모든 일 자체가 주께 하는 일이 되었다. 우리의 삶 전체가 주님의 것이 되었기 때문에 일어난 변화다.

고린도전서 10장 31절에 조금 더 자세하게 나와 있다.

그런즉 너희가 먹든지 마시든지 무엇을 하든지 다 하나님의 영광을 위하여 하라 고전 10:31

먹고 마시는 것 자체가 하나님께 드려지는 예배가 될 수 있고, 우리가 무엇을 하든지 하나님의 영광을 위해 드려질 수 있다는 것이다.

오늘날에도 일은 일이고, 교회에서 하는 일은 주님의 일이라고 양분하여 생각하는 사람들이 있다. 그러나 그렇지 않다. 우리가 하는 모든 일이 주님께 드려지는 도구가 될 수 있다.

예수님의 길을 예비하기 위해 왔던 세례 요한이 회개의 말씀을 전하자 사람들은 가슴이 찔려 '이제 우리가 어떻게 해야 합니까?'라고 물었다. 그때 그는 이렇게 말했다.

무리가 물어 이르되 그러면 우리가 무엇을 하리이까 대답하여 이르되 옷 두 벌 있는 자는 옷 없는 자에게 나눠줄 것이요 먹을 것이 있는 자도 그렇게 할 것이니라 하고 세리들도 세례를 받고자 하여 와서 이르되 선생이여 우리는 무엇을 하리이까 하매 이르되 부과된 것 외에는 거두지 말라 하고 군인들도 물어 이르되 우리는 무엇을 하리이까 하매 이르되 사람에게서 강탈하지 말며 거짓으로 고발하지 말고 받는 급료를 족한 줄로 알라 하니라 눅 3:10-14

예상 밖의 대답이다. '네가 하는 일에서 하나님을 섬겨라. 네가 하는 일을 잘하면 된다'라는 것이다. 왜냐하면 우리의 일이 하나님께서 지으신 세상과 하나님이 허락하신 사람을 윤택하게 하는 것이라면, 그것이 하나님의 영광을 위해 드려지는 삶이 된다는 것이다.

이런 획기적인 말씀이 선포되는 가운데, 골로새서는 이어서 상전과 종들을 향해 각각 구체적인 말씀을 전한다. 오늘날에 적용해보자면 고용주 혹은 경영진과 직원들 혹은 피고용인에게 각각 말씀을 주신 것이다. 이 말씀을 통해 일을 향한 우리의 마음과 자세가 변하기를 원하시는 것이고, 또한 우리의 일과 직업에서 형성되는 상하관계가 새롭게 되기를 원하시는 것이다.

직원을 공정하고 정당하게 대우하라

먼저 상전, 즉 고용주 혹은 경영진을 향해서는 직원들을 공정하고 정당하게 대우하라고 말씀하신다.

> 상전들아 의와 공평을 종들에게 베풀지니 너희에게도 하늘에 상전이 계심을 알지어다 골 4:1

이제 일에 대한 우리의 생각이 달라져야 한다. 지금까지는 '생업을 위한 일과 하나님을 섬기는 일이 다르다'라고 생각했다면, 이제는 주님의 영광을 위해 일한다면 우리의 모든 일이 하나님을 위한 일임을 기억해야 한다.

지금까지는 어떻게 해서든 회사의 이익을 많이 남기는 것이 경영을 잘하는 사람이었다. 하지만 하나님은 다르게 말씀하신다. 물론 회사 경영을 잘해야 한다. 엉터리로 하라는 것이 아니다. 하지만 우리의 일 자체가 하나님을 섬기는 도구가 되었다면, 우리의 자세가 바뀌어야 한다는 것이다. 하나님은 경영진에게 직원들을 공정하고 정당하게 대우하라고 하신다. 이것이 하나님의 뜻이고 우리에게 원하시는 것이다. 직장에서의 우리의 관계가 변하려면 이것부터 변해야 한다는 것이다.

인간이 타락하여 우리 일의 영역이 완전히 갈등 구조로 가는 것을 보시면서 하나님의 걱정은 약자들을 향해 있었다. 상전들이 약자인 종들을 함부로 대하고 품삯조차 제대로 주지 않는 것을 보시면서 하나님은 그런 행위들을 무척 걱정하셨다.

모세오경을 보면 그에 대한 말씀들을 계속 주신다. 그중에 하나가 신명기 24장에 기록되어 있다.

곤궁하고 빈한한 품꾼은 너희 형제든지 네 땅 성문 안에 우거하는 객이든지 그를 학대하지 말며 그 품삯을 당일에 주고 해 진 후까지 미루지 말라 이는 그가 가난하므로 그 품삯을 간절히 바람이라 그가 너를 여호와께 호소하지 않게 하라 그렇지 않으면 그것이 네게 죄가 될 것임이라 신 24:14,15

부리는 일꾼이 믿는 자든지 믿지 않는 자든지, 종교를 뛰어넘어서 학대하지 말라고 하신다. 그리고 품삯을 미루지 말라고 하신다. 하나님은 이게 큰 걱정이셨다.

당시 일꾼들은 그날그날 품삯을 받아서 하루하루 먹고살았다.

그날 받아야 할 품삯을 받지 못하면 그날은 굶어야 했다. 그래서 만약 일꾼이 품삯을 받지 못해서 하나님께 호소하면 그것이 상전의 죄가 될 것이라고 경고하시는 것이다.

신약에 와서는 예수님이 한층 더 강하게 말씀하신다. 마태복음 25장에서 예수님은 이런 말씀을 주셨다.

여기 내 형제 중에 지극히 작은 자 하나에게 한 것이 곧 내게 한 것이니라 하시고 … 이 지극히 작은 자 하나에게 하지 아니한 것이 곧 내게 하지 아니한 것이니라 하시리니 마 25:40,45

이 말씀은 예수님이 비유로 전해주신 말씀인데, 지극히 작은 자를 돕고 그를 축복한 일이 곧 예수님 자신에게 한 것이고, 거꾸로 연약한 자를 도와줄 수 있는 자리에서 그렇게 하지 않은 것 또한 곧 예수님 자신에게 하지 않은 것이라고 하신다.

오늘날의 고용인과 피고용인의 관계로 이 말씀을 보자면, 아무래도 자원이 있고 줄 수 있는 자들은 고용인들이 되겠고, 필요해서 받아야 되는 자들은 피고용인이 될 것이다. 그렇다면 고용인이나 경영진이 피고용인에게 필요한 것을 주지 않고 정당하고 공정하게 대하지 않는다면, 그것은 예수님을 그렇게 대한 것이다. 주님은 고용인들이 종들이나 직원들을 어떻게 대하고 반응하는지 관심을 가지고 지켜보고 계신다.

이 책을 읽는 독자 중에 사업체를 운영하거나 회사를 경영하는 분들이 있다면, 그 자리에서 축복의 도구가 되기를 부탁드린다. 내가 이런 말을 하면 "목사님, 너무나 치열한 경쟁사회를 몰라서 하는 말입니다. 우리에겐 남을 돌볼 시간적 여유나 경제적 여유가 없습니다. 그렇게 하고 싶어도 할 수 없는 상황입니다"라고 대답하고 싶은 사람도 있을 것이다. 맞다. 모두가 어려운 시대에 사업체를 운영하는 것이 많이 힘들 것이다.

하지만 우리는 세상에서 사업을 하든 무엇을 하든 간에, 믿음으로 하는 자들이다. 하나님이 성을 지켜주셔야 파수꾼의 수고가 헛되지 않은 것처럼, 하나님이 우리의 사업과 일터도 지켜주시고 세워주셔야 우리의 수고가 헛되지 않을 수 있다.

사업에 불이익을 끼치면서까지 무작정 베풀라는 것이 아니다. 달란트 비유를 통해서도 알 수 있듯이 하나님은 아무 일도 안 한 자는 꾸짖으셨다. 다만 할 수 있는 만큼, 공정하고 정당하게 대우하라는 것이다.

그리고 그 자리에서 축복의 사람이 되어야 한다. 왜냐하면 "너희에게도 하늘에 상전이 계심을 알지어다"라고 말씀하시기 때문이다. 이 세상에서 아무리 큰 기업을 운영하는 자라도 그 위에 상전, 즉 주님이 계시다는 사실을 잊지 말아야 한다. 그 하나님 앞에서 두려워하는 마음으로 하라는 말씀을 주시는 것이다.

나는 우리가 복의 유통자가 될 때 하나님이 우리의 사업과 터전을 지켜주시고 복을 주신다고 믿는다. 이것이 믿음의 조상 아브라함에게 주신 약속이기 때문이다. 하나님은 아브라함에게 '내가 네게 복을 주어 너로 하여금 복이 되게 할 것'이라고 하셨다. 하나님이 우리에게 주고자 하시는 복은 자신을 위해 쌓아놓는 복이 아니라 하나님을 위해 유통되는 복이다. 나를 통해 흘러가는 복이다.

이러한 경영 원칙이 당장엔 손해가 되는 것처럼 보일지라도, 결국엔 이런 회사와 이런 사회를 하나님이 축복하실 것이다. 그러니 고용자들과 경영진은 직원들을 공정하고 정당하게 대우하면서 그들을 축복하기를 바란다. 그럴 때 이 사회가 바뀌고 관계가 바뀌는 것이다.

성실한 마음으로 업무에 임하라

하나님은 종들, 즉 직원들이나 피고용인들에게도 구체적인 말씀을 주신다.

종들아 모든 일에 육신의 상전들에게 순종하되 사람을 기쁘게 하는 자와 같이 눈가림만 하지 말고 오직 주를 두려워하여 성실한 마음으로 하라 골 3:22

성실한 마음으로 업무에 임하라는 것이다. 흔한 말로 표현한다면 '농땡이 피우지 말라'는 것이다. 하나님은 눈가림하지 말고 하나님을 섬기듯 성실하게 일하라고 하신다.

모든 것을 보시는 하나님 앞에서 우리가 어떻게 눈가림을 할 수 있겠는가? 사람에겐 거짓을 말할 수 있어도 하나님께는 그럴 수 없다. 마찬가지로 우리가 직장 상사 앞에서 일을 할지라도 그것이 결국 하나님을 섬기는 일임을 알고, 하나님께 영광을 돌려드릴 수 있도록 성실하고 정직하게 일하라는 것이다.

이 말씀은 당시 배경을 생각해보면 정말 획기적인 말씀이다. 앞에서 설명했듯이, 그 당시 교회 성도의 대부분이 종이었다. 성도의 약 10퍼센트 정도만 상전이었는데, 그렇다면 그들 대부분은 믿지 않는 상전들을 섬겼을 것이다.

그런데도 사도 바울은 '너희가 믿는 자로서 안 믿는 상전 밑에서 일하고 있는데, 죄만 아니라면 주께 하듯 섬기라'라고 말하는 것이다. 이는 그 상전이 나의 주가 된다는 뜻이 아니라, 나의 삶을 주관하시는 하나님이 내 삶에 개입하셔서 나를 그 상전 밑에 두신 것이니, 그를 하나님 섬기듯 성실하게 섬기라는 것이다.

요셉을 생각해보자. 애굽의 최고 경영자인 총리의 자리에 올랐던 요셉이 어떤 삶을 살았는가? 말이 아니었다. 아버지의 사랑을 받고 자랐던 요셉은 형들의 시기와 질투로 인해 타국에 종으로 팔려갔다. 그 인생에 무슨 소망이 있었겠는가?

그런데 하나님의 사람 요셉은 모든 상황 가운데, 즉 잘될 때도 마찬가지지만 자신의 삶이 무너지고 있을 때도 이 모든 것 위에 계신 하나님을 주목했다. 이것이 요셉의 위대한 점이다. 성경을 보면 그가 하나님과 동행했다고 나와 있다. 노예 생활을 하던 그가 하나님과 동행했다는 것은, 이 모든 상황 가운데 모든 것을 알고 주관하시는 하나님이 계신다는 생각으로 하나님을 섬기듯 그 주인을 섬겼다는 뜻이다.

요셉은 주인 보디발을 성실하게 섬겼다. 보디발은 하나님을 믿는 자가 아니라 우상 숭배하는 자였다. 하지만 요셉은 궁극적으로 보디발을 섬긴 것이 아니라 모든 상황 가운데 주가 되시는 하나님을 주목하여 섬긴 것이다.

요셉이 모함을 받아 감옥에 갇혔을 때도 마찬가지였다. 그곳에서 요셉은 자신이 할 수 있는 일로 하나님을 섬겼다. 성경은 그가 감옥에서도 하나님과 동행했다고 기록한다. 그 성실한 섬김으로 인해 요셉은 나중에 바로의 꿈을 해석해주게 되었고, 애굽의 총리 자리에까지 오르게 된 것이다.

우리는 반전의 이야기만 좋아하는데, 반전이 있기 전까지 적어도 약 십삼 년이란 기간 동안 요셉이 종의 자리에서나 감옥에서나, 성실하게 주를 섬기듯 자신의 일을 했다는 것을 알아야 한다. 하나님이 이것을 귀하게 보신 것이다.

우리 인생이 잘 나갈 때만 하나님이 우리의 하나님이신가? 어려울 때도 하나님이시다. 삶을 돌아보면 어려울 때일수록 하나님이 더 역사하시고 더 풍성한 은혜와 교훈을 주셨다. 그러니 하나님의 섭리를 믿는다면, 내게 주어진 일을 믿음으로 할 때 거룩한 주의 일이 된다는 것을 믿으라. 그리고 주께 하듯 성실하게 행하라. 게으르지 말고 정직하게 행해야 한다.

우리가 직장에서 어떻게 일하느냐는 하나님의 명예와 관련된 일이 된다.

무릇 멍에 아래에 있는 종들은 자기 상전들을 범사에 마땅히 공경할 자로 알지니 이는 하나님의 이름과 교훈으로 비방을 받지 않게 하려 함이라

딤전 6:1

크리스천으로서 우리의 근무 태도가 성실하지 못하면, 우리가 믿는 하나님의 이름이 비방을 받게 된다. 우리가 성실함으로 일하고, 정직과 존중함을 통해 직장에서의 관계를 이어간다면, 그런 우리를 통해 우리가 믿는 주님의 복음이 그곳에서 빛나게 될 것이다. 하나님이 영광을 받으실 것이다.

삶이 예배가 되게 하라

이전과 달리 신약시대에는 우리가 무엇을 하든지 주께 하듯 할 수 있다. 우리의 일이 거룩한 하나님을 섬기는 영역이 되는 것이고, 우리는 그 일을 통해 하나님께 영광을 돌려야 하는 것이다.

그렇기 때문에 경영진은 공정함으로 직원을 대우해야 하며, 직원들은 게으르지 않고 정직하게 주를 섬기듯 열심히 일해야 하는 것이다. 그럴 때 우리의 일터가 바뀌고, 일터에서의 관계가 바뀔 것이다. 그 변화가 우리부터 일어나야 한다.

사실 세상을 살면서 우리가 교회에 머무는 시간보다 일터에 머무는 시간이 훨씬 많다. 따라서 교회에서의 삶만 거룩하다면, 우리는 결코 거룩한 생활을 할 수 없다.

결론은 우리의 삶이 하나님께 올려드리는 예배가 되어야 한다는 것이다. 우리의 삶의 영역, 즉 직장인은 직장에서, 가정주부는 가정에서, 학생은 학교에서, 은퇴한 분이라면 지금 누리고 있는 생활 반경에서, 각자 자신의 삶의 영역이 어떤 곳이든지 그곳에서의 삶이 하나님께 올려드리는 예배가 되게 하라는 것이다.

그럴 때 우리의 삶이 변하고 우리의 관계가 변할 것이다. 이 일을 통해 하나님이 영광 받으시고, 이 경영을 통해 하나님이 기뻐하시며 하나님의 성품과 선하심이 드러나는 예배가 되어야 비로소 진정한 변화가 일어나는 것이다.

오래전에 성도들과 함께 튀르키예 여행을 한 적이 있다. 그곳 사람들은 대부분 무슬림이고, 예수님을 믿는 사람은 거의 없었다. 성도들과 군데군데 들러서 예배하는 시간을 가지곤 했는데, 어느 한 장소에서 예배를 드릴 때, 내 마음에 이런 감동이 밀려들었다.

'이 자리에서 천년 만에 드려지는 예배를 하나님이 받고 계신다!'

그때 마음이 감동으로 벅차면서도 너무 아팠다. 그곳에서 끊임없이 예배를 받으셔야 하는데, 예배하는 자들이 없어서 천년 만에 예배를 받으시다니…!

어쩌면 우리의 직장이, 우리의 삶의 터전이 그런 곳은 아닐까? 어쩌면 그곳이 하나님이 한 번도 예배받지 못하신 자리가 아닐까? 하나님은 영이시니 이제는 위치나 장소에 국한되지 않으시고 모든 곳에서 영과 진리로 드려지는 예배를 받으셔야 하는데, 우리는 과연 우리의 사업장에서, 직장에서, 삶터에서 하나님을 예배하고 있는가!

그곳이 예배의 터전이 되게 하자. 한 번도 그렇게 생각하지 않았다면, 지금부터 바꾸자. 일하는 장소가 예배 장소다. 사람을 섬기는 게 아니라, 하나님을 섬기는 자리다. 삶의 자리를 예배로 만들어서 거룩하신 하나님을 드높이고, 그 자리에서 주님의 생명과 주님의 축복이 흐르게 하자.

고린도전서 10장 31절-11장 1절

31 그런즉 너희가 먹든지 마시든지 무엇을 하든지 다 하나님의 영광을 위하여 하라 32 유대인에게나 헬라인에게나 하나님의 교회에나 거치는 자가 되지 말고 33 나와 같이 모든 일에 모든 사람을 기쁘게 하여 자신의 유익을 구하지 아니하고 많은 사람의 유익을 구하여 그들로 구원을 받게 하라 1 내가 그리스도를 본받는 자가 된 것같이 너희는 나를 본받는 자가 되라

예레미야 29장 4-7절

4 만군의 여호와 이스라엘의 하나님께서 예루살렘에서 바벨론으로 사로잡혀 가게 한 모든 포로에게 이와 같이 말씀하시니라 5 너희는 집을 짓고 거기에 살며 텃밭을 만들고 그 열매를 먹으라 6 아내를 맞이하여 자녀를 낳으며 너희 아들이 아내를 맞이하며 너희 딸이 남편을 맞아 그들로 자녀를 낳게 하여 너희가 거기에서 번성하고 줄어들지 아니하게 하라 7 너희는 내가 사로잡혀 가게 한 그 성읍의 평안을 구하고 그를 위하여 여호와께 기도하라 이는 그 성읍이 평안함으로 너희도 평안할 것임이라

chapter 13

믿는 자와 믿지 않는 자,
샬롬의 관계를 이루라

피하려야 피할 수 없는 관계

우리가 성도로서 피할 수 없는 관계 중 하나가 그리스도인과 비그리스도인의 관계다. 이 관계는 현실적으로 불가피하다. 우리가 세상에서 만나는 사람 중 얼마나 많은 이들이 안 믿는 사람인가? 내가 만나는 친구, 직장 동료, 이웃 중 기독교인은 몇 명인가?

역사적인 기독교 국가에서는 다수가 크리스천일 수도 있겠지만, 우리가 사는 이 사회에서는 믿는 자보다 안 믿는 자들과 더 많이 만날 수밖에 없고 그들과 관계를 가질 수밖에 없다. 관계라는 것은 우리의 삶에 아주 본질적인 영역이기 때문에 삶의 변화를 경험하려면 관계의 변화가 있어야 한다. 그리고 그중 가장 광범위하고 불가피한 관계가 믿지 않는 자와의 관계다.

나의 지난 삼십 년의 목회를 돌아보니, 믿는 자와 안 믿는 자의 관계에 대해서는 한 번도 설교를 한 적이 없었던 것 같다. 세상에서 우

243

리가 어떻게 살아야 하는지, 안 믿는 자들 가운데서 우리가 어떻게 빛과 소금으로 살아야 하는지, 어떻게 하나님의 영향력을 끼칠 수 있는지에 대해서는 자주 설교했지만, 안 믿는 자들과의 관계의 측면에서 설교한 적은 없었다. 적어도 나로서는 이 주제에 대해 깊이 생각해본 적이 없다는 반증이었기에, 이 사실을 발견하고 너무 놀랐고, 하나님 앞에 회개하는 마음이 들었다.

목사로서 남들보다는 믿는 자들과 보내는 시간이 훨씬 많지만, 그래도 안 믿는 사람들과도 빈번히 부닥치곤 한다. 내가 사는 빌라에만 해도 믿는 사람보다 안 믿는 사람이 더 많은데, 그들과 어떤 관계를 가져야 하는지, 이 관계가 어떻게 변해야 하는지를 생각해보는 것이 굉장히 중요하고 유익한 일임을 체험했다.

모든 관계에서 하나님의 덕이 되라

그냥 단순히 좋은 이웃, 사랑하는 이웃이 되는 것을 넘어, 관계에서 어떤 변화가 어떻게 이루어지고 나는 어떻게 변화될 수 있는지를 생각해보게 되었는데, 그러면서 본문의 말씀이 떠올랐다.

먼저 고린도전서 10장 31절을 보자.

그런즉 너희가 먹든지 마시든지 무엇을 하든지 다 하나님의 영광을 위하여 하라 고전 10:31

우리가 예수님의 백성이 되는 순간 우리의 삶 전체가 주님께 드려지게 되었다. 나의 모든 것이 그분의 것이 되었고 그분의 모든 것이 내 것이 되었다면, 이제부터는 우리의 삶 전체가 하나님의 영광을 위해 드려질 수 있다는 것이다.

교회에서의 예배나 신앙생활만 하나님의 영광을 위한 것이 아니라 나의 삶의 모든 영역에서 직장을 통해, 가정을 통해, 취미를 통해, 내가 추구하는 어떤 영역을 통해 하나님께 영광을 돌릴 수 있다는 것이다. 이것은 당시에는 굉장히 새로운 개념이었다.

그런데 이어지는 말씀을 보라. 사도 바울은 이 엄청난 말씀을 전하면서 곧바로 관계에 대해서 전한다. 관계가 그만큼 중요하기 때문이다.

유대인에게나 헬라인에게나 하나님의 교회에나 거치는 자가 되지 말고

고전 10:32

바울은 관계의 측면에서 사람들에게 실족되는 관계가 되지 말라고 하는데, 여기서 주목할 것은 "유대인에게나 헬라인에게나 하나님의 교회에나"라는 표현이다. '하나님의 교회'는 믿는 사람들을 뜻한다. 성도들에게 실족의 대상이 되지 말라는 것이다. 그런데 사도 바울은 믿는 사람에게뿐만 아니라 유대인이나 헬라인에게도 실족의 대상이 되지 말라고 한다.

사도 바울의 입장에서 유대인은 다른 종교를 가진 사람을 말하고, 헬라인은 자신과 다른 배경과 문화에서 다른 가치관을 가지고 사는 사람을 뜻한다.

그러니까 바울은 함께 믿음 생활하는 성도들뿐만 아니라 다른 종교를 갖고 있는 사람들, 완전히 다른 문화와 배경에서 자란 사람들과의 관계까지 다 포함해서 그 관계에서 그들이 실족하지 않게끔 하라고 말한 것이다. 즉, 그들과 아름답고 덕이 되는 관계를 유지하라는 말씀이다. 그러면서 다음과 같이 말한다.

나와 같이 모든 일에 모든 사람을 기쁘게 하여 자신의 유익을 구하지 아니하고 많은 사람의 유익을 구하여 그들로 구원을 받게 하라 고전 10:33

그는 자신을 가리켜 '나는 지금까지 나 자신의 유익을 구하면서 살지 않았다. 내가 전에는 그렇게 살았지만, 예수님을 믿고 예수님으로부터 모든 것을 받은 자로서 이제 모든 사람의 유익이 되기 위해 살면서 그들을 기쁘게 해주려고 한다. 그래서 이런 나의 삶을 통해 안 믿는 자들 중에 구원을 받는 자들이 나오게 하려 한다'라고 말하는 것이다.

바울은 이렇게 모든 사람들과의 관계가 원만하게 이루어져, 그들이 자신으로 인하여 기뻐하게 되고, 그럼으로 결국엔 그들이 자신이 믿는 주님을 영접하여 구원받게 될 것을 말하고 있다. 바울은 바로 이것이 우리의 삶을 통해 하나님을 영화롭게 하는 것이며, 우리의 모든 관계, 믿지 않는 자들과 맺게 되는 관계가 이렇게 중요한 것이라고 강조하는 것이다.

예수님을 닮아가라

이렇게 사는 것이 바울에겐 예수님을 닮아가는 삶이라고 고백하며, 바울은 '너희들도 그렇게 하라'고 권면한다.

> 내가 그리스도를 본받는 자가 된 것같이 너희는 나를 본받는 자가 되라
>
> 고전 11:1

우리가 그냥 의미 없이 변하는 게 아니라 예수님의 형상으로 변화되어야 하는데, 예수님의 형상으로 변한다는 게 무엇인가? 예수님을 닮아가는 것이다.

예수님은 모든 사람과 친하셨다. 모든 사람에게 유익한 분이셨고, 관계가 원활하셨다. 믿는 사람이나 제자들과만 관계가 좋았던 것이 아니라, 안 믿는 자들이나 죄인들과도 관계가 좋으셨다. 당시에 종교인들이 예수를 가리켜서 '어떻게 저 사람은 랍비라고 하는데 죄인들의 친구냐'라고 비난할 정도였다.

예수님의 관계는 믿는 자들에게 국한되지 않았다. 그러니까 사도

바울은 모든 사람과 좋은 관계를 맺고 좋은 친구가 되는 것이 예수님을 닮아가는 것이며, 내가 이렇게 예수님을 닮아가듯이 너희도 나를 본받으라고 한 것이다.

평안의 대사가 되라

또 다른 본문은 예레미야서 29장 4-7절의 말씀이다. 여기서 굉장히 예상치 못했던 말씀이 나온다. 어떻게 보면 너무나 충격적인 말씀이다.

만군의 여호와 이스라엘의 하나님께서 예루살렘에서 바벨론으로 사로잡혀 가게 한 모든 포로에게 이와 같이 말씀하시니라 너희는 집을 짓고 거기에 살며 텃밭을 만들고 그 열매를 먹으라 아내를 맞이하여 자녀를 낳으며 너희 아들이 아내를 맞이하며 너희 딸이 남편을 맞아 그들로 자녀를 낳게 하여 너희가 거기에서 번성하고 줄어들지 아니하게 하라 너희는 내가 사로잡혀 가게 한 그 성읍의 평안을 구하고 그를 위하여 여호와께 기도하라 이는 그 성읍이 평안함으로 너희도 평안할 것임이라 렘 29:4-7

이 말씀은 하나님이 바벨론으로 잡혀간 이스라엘 백성에게 주시는 말씀인데, 하나님은 그들에게 '너희는 거기에서 뿌리를 내려라, 집을 지어라, 결혼하고 자녀를 가져라, 너희 자녀들도 결혼하여서 거기서 자녀를 낳아라, 번성하라'고 말씀하신다. 그러면서 '그곳에서 평안 공동체를 만들라'고 하신다. 그곳에서 하나님의 평안을 빌고 그 평안이 성읍에 임함으로 말미암아 너희도 평안 가운데 사는 사람들이 되라는 말씀이다. 너무 충격적인 말씀 아닌가?

이스라엘 백성은 언젠간 바벨론에서 나오게 될 사람들이다. 바벨론은 우상 문화를 갖고 있던 나라였고, 교만한 나라였으며, 폭력의 문화를 가진 나라였다. 하나님께서는 그런 곳에 자신의 백성들을 영구히 남겨두려는 마음은 없으셨다. 언젠가는 나오게 하실 것이었다.

하지만 그전까지, 그들이 거기서 사는 동안에는 그곳에서 아름다운 시민이 되라고 말씀하신다. 단순히 적응해서 살아남으라는 말씀이 아니다. 적극적으로 그곳(바벨론)의 평안을 빌고, 그 평안이 그곳에 임하여 그로 말미암아 너희들도 그 평안을 누리라는 것이다.

평안, 즉 '샬롬'이라는 단어는 히브리어로 포괄적인 단어다. 단순히 마찰이 없는 상태를 뜻하는 게 아니라, 그걸 넘어서 '하나님의 임재가 임했다, 하나님의 성품이 임했다'라는 뜻이다.

즉 '샬롬'을 구하라는 말은, 이방 땅 바벨론에서 원활한 관계를 맺으며, 그들과 샬롬을 나누고, 샬롬의 대사가 되어 성읍을 축복하며, 그곳에서 샬롬의 공동체를 일으켜 세우라는 말씀이다. 대단한 말씀이다.

구별된 자로 사는 것은 단절된 삶이 아니다

우리는 바벨론과 구별되어야 한다고, 그들 문화를 등져야 한다고 생각하지만, 하나님은 정반대의 말씀을 하시는 것 같다. 분명 주님은 하나님의 백성인 우리에게 거룩한 자로 구별되어 살라고 말씀하셨다.

그런데 우리는 그 의미를 오해하고 있는 것 같다. 성경이 말하는 구별된 삶이란 세상과 완전히 분리되어 살라는 말씀이 아니다.

크리스천들은 믿는 자들끼리만 공동체를 이루어 교회에 요새처럼 모여서 거룩한 삶을 추구하며 살려는 경향이 있다. 오늘날에도 있고, 이스라엘 시대에도 있었으며, 예수님 시대에도 있었다. 그래서 예수님은 산상수훈에서 '너희는 세상의 소금이다. 너희는 세상의 빛이다'라는 말씀을 주신 것이다. 세상 가운데서 하나님의 빛과 소금이 되어 살라는 말씀이다.

우리가 관계를 통해서 하나님을 영화롭게 하고 진정한 관계의 변화를 이루려면, 믿지 않는 자들과의 수월한 관계, 더 나아가 아름다운 관계가 반드시 필요하다는 사실을 깨달아야 한다.

그래서 이를 위한 실제적인 두 가지 권면을 제시하려고 한다. 이 권면을 통해 세상과 아름다운 관계를 이루고, 안 믿는 자들과 좋은 관계를 맺을 수 있으리라 믿는다.

다양성과 다름을 존중하라

첫째로는 다양성과 다름을 존중하라는 것이다. 예수 믿은 지 오래된 사람일수록 어느 순간부터 믿지 않는 친구들과 같이 있는 것이 불편하게 느껴질 것이다. 당연하다. 라이프스타일이 너무 다르기 때문이다.

하지만 그렇다고 그들을 피하여 믿는 자들과만 사귈 것인가? 그것은 우리를 향한 주님의 뜻이 아니다.

생활이 다르고, 생각이 다르고, 가치관이 다르기에 불편할 수는 있다. 하지만 불편한 것을 넘어서서 자칫 잘못하면 '다른 것과 다양한 것'을 존중하지 못하는 오만한 태도를 보일 수 있다. 그렇게 되지 않도록 조심해야 한다.

요즘 교회가 세상에 어떤 이미지로 비치고 있는가? 여러 기독교 기관에서 세상 사람들이 크리스천을 어떤 시선으로 보고 있는지 설문조사한 결과를 보면, 좋은 말도 있지만 가장 많이 나오는 말들이 '배타적이다. 이기적이다. 세속적이다' 같은 것들이다. 왜 이런 말을 듣는 것인가? 우리가 다양한 것과 다른 것을 존중하지 못했기 때문이다.

죄를 다 받아들이라는 말이 아니다. 하지만 나와 다른 생각, 다른 가치관, 다른 생활은 잘못된 것이 아니다. 그저 나와 다를 뿐이다. 그것을 존중하라는 것이다.

하나님은 모든 사람에게 은총을 부어주셨다

성경을 보면 두 가지 종류의 은혜가 있다. 하나는 믿는 자들에게 허락하시는 특별 은혜다. 우리는 그 은혜로 구원받고 하나님의 자녀가 되었다. 성경은 이것을 '하나님의 선물'(엡 2:8)이라고 한다.

또 다른 하나는, 일반 은혜다. 일반 은혜는 말 그대로 창조주 하나님이 모두에게 일반적으로 내려주시는 은혜를 뜻한다. 마태복음 5장 45절을 보면, 하나님께서 악인과 선인 모두에게 해를 비추고 의로운 자와 불의한 자 모두에게 비를 내려주신다고 했다. 차별 없이 내려주시는 창조주의 은총이 일반 은혜다.

하나님은 일반 은혜를 통해 모든 사람에게 선한 양심과 도덕과 덕망을 주셨다. 기독교 안에만 선한 양심이 있는 게 아니다. 예수님을 믿지 않는 자들, 다른 종교를 믿는 자들 안에도 선한 양심과 도덕성이 있다. 창조주 하나님께서 그분의 형상대로 인간을 만드셨기에, 처음부터 주신 것이다. 우리와 다른 가치관, 다른 인생관을 가졌더라도 그들에게는 나름대로 좋은 점이 있다. 무시해서는 안 된다. 다르지만 존중해야 한다.

얼마 전에 우리 교회 청년들이 튀르키예 지진 구호 지역에 봉사를 다녀와서는, 그곳에서 은혜를 정말 많이 받았다며 이런저런 이야기를 했다.

"목사님, 이번에 거기서 진짜 선량하고 순박한 사람들을 많이 만났습니다. 그들의 환대 문화는 우리 크리스천들이 반드시 배워야 합니다."

뒤르키예에 가기 전에는 무슬림에 대한 두려움과 선입견이 있었지만, 막상 가서 만나 보니 자신의 선입견이 깨지는 아름다운 장면들을 많이 봤다는 것이다.

물론 그들에게는 아직 복음이 없다. 그래서 우리는 안타까운 마음으로 그들을 위해 기도하고 봉사하며 계속 선교해야겠지만, 그렇다고 그들에게 선한 모습이 없는 것은 아니다.

우리는 하나님의 일반 은혜가 차별 없이 모두에게 주어졌음을 기억하며, 그들의 다양성과 다름을 존중할 수 있어야 한다.

정죄와 판단이 아닌 배려와 이해로

요한복음 8장에는 간음 현장에서 잡혀 온 여인의 이야기가 기록되어 있다. 그때 종교인들은 그 여인을 예수님 앞으로 끌고 갔다. 예수님을 비방할 내용을 찾기 위해 예수님에게로 데려가서 물은 것이다.

"이 여자가 지금 간음 현장에서 잡혔는데, 모세 율법에 보면 간음한 자는 돌로 쳐서 죽이라고 했습니다. 어떻게 하면 좋을까요?"

만일 예수님이 용서하고 놓아주라고 했으면 모세가 가르쳐준 명확한 율법을 무시하는 자라고 정죄하려 했던 것이고, 만일 율법이 그러니 돌로 치라고 했으면 예수님이 긍휼과 사랑이 없는 자라고 비방하며 지금까지 보인 모습은 다 위선이라고 비난하려고 했던 것이다.

예수님이 어떤 대답을 하시든 그들은 예수님을 쓰러뜨리려고 준비하고 있었다.

그런데 예수님이 뭐라고 대답하셨는가? 예수님은 땅에 뭔가를 쓰신 다음에 고개를 들어 이렇게 말씀하셨다.

"너희 중에 죄 없는 자가 먼저 돌로 치라."

그러자 아무도 돌을 던지지 못했다. 이것은 보통 사람의 말이 아니라 하나님의 말씀이기 때문에 양심에 가책을 준 것이다. 하나님의 말씀을 듣고 누가 돌을 던질 수 있겠는가? 한 명 한 명 돌을 놓고 다 떠났다.

여인과 예수님, 둘만 남게 되었을 때 예수님이 여인에게 '너를 고발하고 정죄하는 자들이 다 어디 있느냐'라고 물으셨다. 여인은 없다고 대답했다. 이에 예수님은 '나도 너를 정죄하지 않는다. 이제 가서 다시는 죄를 범하지 말라'라고 말씀하셨다.

정죄하실 수 있는 분은 완전한 기준을 가지고 계신 주님, 딱 한 분밖에 없다. 정죄하실 수 있는 분은 그분 한 분이신데, 그분이 심판을 안 하신다. 죄를 용인하고 그냥 넘어가는 것은 아니다. 그 여인에게도 이제는 죄를 짓지 말라고 분명히 말씀하셨다. 죄를 용납하는 것은 아니지만, 정죄하지 않으시고 있는 그대로 받아주시며 사랑해주신다.

주님이 우리를 그렇게 받아주셨다. 우리가 아직 죄인 되었을 때 우리를 사랑하셨다. 이것이 우리가 배워야 할 주님의 마음이다. 이 주

님의 마음으로, 판단보다는 배려, 정죄보다는 이해하는 마음을 가졌
으면 좋겠다. 그리고 그런 마음은 그들의 다양성과 다름을 존중하
는 데서 시작된다는 것을 기억하기 바란다.

공공성과 공공선을 추구하라

두 번째로 공공성과 공공선을 추구해야 한다. 공공성은 우리가 시
민사회의 한 구성원으로 산다는 것을 인식하는 것이다. 우리는 혼자
사는 것이 아니다. 내 멋대로 나 혼자 사는 것이 아니라 시민사회에
서 다 함께 사는 것이다. 크리스천들만 모여서 우리만의 커뮤니티를
형성하여 사는 게 아니라, 여러 다양한 시민들과 함께 공공의 무대에
서 사는 것이다. 공공성은 그것을 인식하고 받아들이는 마음이다.

그렇다면 공공선은 무엇인가? 그 공공 무대에서 살면서 전체의 유
익을 위해 사는 것을 말한다. 규칙을 지키면서 배려하며 사는 것이
다. 내가 대중의 한 사람이라는 것을 인정하는 것이 공공성이라면,
그 안에서 전체의 선(공동의 선)을 위해 내가 할 일을 하고, 규칙을 지
키며, 사명을 감당하고, 더 나아가서 배려하는 삶을 사는 것이 공공
선이다.

공공성과 공공선을 추구할 때 우리는 사회의 한 일원으로서 믿지
않는 자들과 좋은 관계를 맺을 수 있다.

성경을 보면, 우리가 예수님을 믿는 순간 하늘의 시민이 되었다고

한다. 그렇다고 해서 세상의 시민권은 박탈되어버리고 하늘 시민이 된 것은 아니다. 하늘 시민이 됐지만, 여전히 우리는 이 세상의 시민권을 가지고 있으며, 주님은 우리에게 이 땅에서도 아름다운 시민으로 살라고 말씀하신다.

> 사랑하는 자들아 거류민과 나그네 같은 너희를 권하노니 영혼을 거슬러 싸우는 육체의 정욕을 제어하라 벧전 2:11

하나님은 세상에 너무 집착하지 말라고 하신다. 나그네처럼 하늘 나라를 바라보면서 그곳의 시민권을 위하여 항상 사는 것이 우리가 살아가야 할 삶이라고 한다.

> 너희가 이방인 중에서 행실을 선하게 가져 너희를 악행한다고 비방하는 자들로 하여금 너희 선한 일을 보고 오시는 날에 하나님께 영광을 돌리게 하려 함이라 벧전 2:12

그러나 이어지는 12절에서는 이방인, 즉 안 믿는 자들 중에서 선한 행실을 가지고 살라고 하신다. 거기서 선한 시민답게, 아름답게, 공공선을 지키면서 살아야 한다고 말씀하신다.

지금은 믿음 때문에 우리를 비방하는 자들이 있을지 모르지만, 나중에 주님이 다시 오시게 되는 그날에 그들이 우리의 모습을 보고 하나님께 영광을 돌리게 하라고 말씀하신다.

11절의 하늘 시민으로서의 거룩한 삶과 12절의 세상 시민으로서의 아름다운 삶은 상충하는 것이 아니다. 같이 가는 것이다. 하늘의 시민이기 때문에 세상에서도 아름다운 시민이고, 세상의 아름다운 시민으로 살면서 하늘의 사람들답게 살라는 것이다.

혹시나 하나님나라를 위해 열심히 살아야겠다고 생각하면서 이 땅의 시민으로서 스스로 감당해야 하는 일들은 무시하며 살진 않았는가? 그렇게 살면 안 된다. 그것은 하나님의 뜻이 아니다.

예수님은 누구보다도 하늘의 시민으로 사셨지만, 동시에 이 땅에 계실 때 세상의 법을 지키면서 사셨다. 언젠가 사람들이 예수님을 시험하려고 가이사의 얼굴이 있는 동전을 갖고 와서 이 돈을 누구에게 드려야 하냐고 물었다. 그러자 예수님은 '가이사의 것은 가이사에게 하나님의 것은 하나님께 드려라'라고 말씀하셨다. 예수님은 결코 정부에 내야 할 세금을 소홀히 하라거나 이 땅의 질서를 무시하라고 하지 않으셨다.

공공성과 공공선이 우리에게 있어야 한다. 그러면서 하나님께 드려야 할 것은 하나님께 드려야 하는 것이다. 이 두 가지는 상충되는 것이 아니라 같이 지켜져야 하는 것이다.

교회와 사회는 연결되어 있다

우리는 주님의 공동체인 교회와 이 땅의 지역사회가 밀접하게 연결되어 있다는 것을 의식하며 살아야 한다. 코로나19 팬데믹을 지나면서 이 사실을 확실하게 체감했을 것이다. 예를 들어, 사회에서 방역 지침을 잘 준수하면 교회도 같이 혜택을 받았다. 그런데 사회에서 방역 지침을 잘 준수하지 않았을 때는 교회도 같이 힘들어졌다. 사회가 셧다운이 되면 교회도 같이 셧다운되었다. 이는 사회와 교회가 밀접한 관계임을 말해준다.

반대로도 마찬가지다. 교회에서 방역 지침을 잘 지키면 사회도 혜택을 받았고 더 자유로워졌다. 그런데 우리가 시민으로서 교회에서 방역 지침을 제대로 지키지 못할 때 사회도 같이 셧다운되는 일들이 빈번했다.

교회와 사회는 연결되어 있다. 지금까지는 교회와 사회를 분리되어 있는 것으로 여기며 살아왔다면, 코로나 팬데믹이 그것을 완전히 깨뜨려버리고 서로 연결되어 있음을 보여주었다. 교회는 지역사회 밖에서 존재할 수 없다. 세상 안에 존재하고, 그래서 예수님은 우리를 향해 세상 안에서 빛과 소금으로 살라고 말씀하셨다.

이렇게 교회와 지역사회가 같이 가는 것이라면, 크리스천으로서 우리는 공공성과 공공선을 실천함으로 세상에 덕이 되는 시민의 삶을 살아야 한다. 그것으로 세상의 믿지 않는 자들과 좋은 관계를 맺으며 하나님께 영광을 돌려야 한다.

사회적 회심이 일어나야 한다

미국의 신학자 짐 월리스(Jim Wallis)는 미국 교회를 향해 회심을 촉구하며, 너무 한쪽으로 치우쳐 있는 미국 교계를 보면서 우리가 변화하지 않으면 우리에겐 더 이상 세상을 향해 전할 메시지가 없을 것이라고 경고한다. 그가 촉구하는 회심은 영적 회심만이 아니다. 그는 사회적 회심이 일어나야 한다고 말한다. 더 이상 개인적이고 추상적인 회심이 아니라, 현실과 역사 속에서 성경적이며 실제적인 회심이 우릴 통해 일어나야 한다고 말한다.

나는 이것이 미국 교계뿐 아니라 한국교회에서도 반드시 일어나야 하는 시대적 영적 각성이라고 생각한다. 한국 교계도 편파 되고 한쪽으로 치우쳐 있지 않은가? 우리도 내 편 네 편으로 나뉘지 않았는가? 그런데 예수님이 언제 내 편 네 편으로 나눴던가. 우리가 이럴수록 우리의 입지는 좁아질 것이며, 우리가 설 수 있는 무대를 잃어갈 것이다. 이제 우리가 감당해야 하는 것은 사회적 회심이다.

우리 교회에서는 매주 토요일마다 '일본어 학교'가 진행되고 있다. 일본어 학교는 한국에 사는 일본 부모들이 자녀에게 일본어를 가르치기 위해 모이는 것으로, 보통 부모 중 한 사람이 일본인이고 한 사람이 한국인인데, 대부분은 어머니가 일본인이다.

처음에 교회에서 일본어 학교를 할 수 있게 해달라는 요청을 받았을 때는 조금 부담이 되었다. 토요일마다 장소를 비워주게 되면 교회의 다른 사역에 지장이 있을 것 같아서였다. 하지만 그렇더라도 전도하기 어려운 일본인들이 교회 안에 발을 딛고 교회에 좋은 인상을 가질 수 있으면 좋겠다는 일본어 예배부의 적극적인 요청에 의해 교회의 문을 열게 되었다.

막상 문을 열고 보니 너무 좋았다. 토요일 아침에 교회에 나오면 일본 아이들과 젊은 부모가 함께 모여서 일본어를 배우고 가르치느라 떠들썩한 일본말이 들린다. 그들 대부분은 예수님을 모르는 자들이다. 그들의 모습을 보며 오늘날 교회가 개인적인 회심을 넘어서 사회적 회심을 한다는 것이 이런 모습이 아닐까 생각했다. 더 이상 교회의 건물과 시설이 교인들의 보금자리만이 아니라 전도와 선교를 위한 도구임을 깨닫고 문을 활짝 여는 것 말이다.

지역사회의 관점에서 주민들의 필요에 관심을 쏟으며 그들 속으로 들어가, 우리보다 앞서 행하시는 하나님의 일에 참여하는 것이 우리가 감당해야 하는 사회적이고 실제적인 사회적 회심의 한 예라고 생각한다.

터가 무너지면 의인이 무엇을 하랴 시 11:3

토대가 무너지면 의인도 흔들린다. 이것을 기억하고 공공사회의 일원으로 교회가 세상과 좋은 관계를 맺어가기를 바란다. 믿지 않는 자들과의 좋은 관계를 통해 하나님께 영광 돌리는 우리가 되길 바란다.

그리고 그렇게 하려면 그들의 다름과 다양성을 존중해야 하며, 우리가 사는 시민사회의 일원으로서 공공성과 공공선을 추구해야 한다.

이런 관계의 변화를 통해 전도의 문이 더욱 활짝 열리기를 바란다. 그리고 믿는 자들이 지역사회를 향해 하나님의 평안과 축복을 유통하는 자들로 더욱 힘차게 일어날 수 있기를 주님의 이름으로 축복한다.

이사야 64장 8절

8 그러나 여호와여, 이제 주는 우리 아버지시니이다 우리는 진흙이요 주는 토기
장이시니 우리는 다 주의 손으로 지으신 것이니이다

고린도전서 2장 9절

9 기록된 바 하나님이 자기를 사랑하는 자들을 위하여 예비하신 모든 것은 눈으
로 보지 못하고 귀로 듣지 못하고 사람의 마음으로 생각하지도 못하였다 함과 같
으니라

chapter 14

하나님이 우리를 빚으신다

하나님이 빚으신다

성경을 보면 하나님에 대해 여러 가지 이미지로 설명해주는데, 그 중 한 이미지가 '하나님은 토기장이'시라는 것이다. 이 이미지를 생각할 때마다 내 마음에 큰 감동이 밀려든다.

토기장이는 진흙을 가지고 예술 작품을 빚는다. 우리가 진정한 변화를 이루고 성숙의 열매를 맺기 위해 나아가려면, 우리는 토기장이이신 하나님을 주목해야 한다. 왜냐하면 궁극적으로 우리 안에서 변화와 성숙을 이루실 분은 하나님이시기 때문이다.

하나님은 그분의 선하시고 온전하신 뜻으로 우리를 만져주시는 분이다. 그리고 우리의 생각이 아니라 그분이 생각하시는 대로 우리를 빚어주시는 분이다.

우리가 아무리 원하고, 결단한다고 해도 우리의 노력만으로는 진정한 변화와 성숙을 이루어내지 못한다. 세 살 버릇이 여든까지 간다는 말이 괜히 나온 게 아니다. 사람은 참 안 바뀐다. 하지만 사람에게 불가능한 것을 하나님은 가능케 하신다. 하나님은 하실 수 있으시다. 절대로 바뀌지 않는 사람들을 하나님은 변화시키신다. 그리고 이것은 하나님이 처음부터 우리를 향해 가지셨던 하나님의 계획이요, 소망이다.

하나님이 미리 아신 자들을 또한 그 아들의 형상을 본받게 하기 위하여 미리 정하셨으니 이는 그로 많은 형제 중에서 맏아들이 되게 하려 하심이니라
롬 8:29

하나님은 미리 아신 자들을 미리 정하셨다고 하시는데, 어떻게 정하셨다고 말씀하시는가? 아들의 형상을 본받게 하기 위하여 정하셨다고 한다. 하나님은 처음부터 이 목적을 가지고 우리를 택하시고 구원하셨다.

하나님은 우리의 모습 그대로 받아주시고 구원해주시지만, 우리가 이 모습에 머물러 있기를 바라시지는 않는다. 우리 안에서 그리스도의 형상이 이루어지기를 하나님은 간절히 바라신다. 우리가 그분의 형상을 따라 변화되고 성숙해지는 것이 우리를 향한 하나님의 간절한 소망이다. 하나님은 그 사역을 우리 안에서 친히 이루시겠다고 말씀하신다. 그분은 우리의 토기장이가 되신다.

그렇다면 우리에게 필요한 것이 하나 있다. 우리 자신을 내어드리

는 것이다. 결국 우리 안에서 변화를 일으키시는 분이 하나님이라면, 하나님이 그 일을 하실 수 있도록 우리 자신을 내어드리는 것이 우리의 몫이 된다.

그런데 하나님이 우리 안에 그리스도의 형상을 이루시도록 우리 자신을 드린다는 것은 구체적으로 무엇을 의미하는가? 실제적으로 무엇을 의미하는 것인가? 이것을 알기 위해 하나님이 어떤 도구를 사용하셔서 우리를 빚으시고 변화와 성숙을 이루어가시는지 묵상하고 싶다.

말씀과 성령으로 빚으신다

하나님이 우리를 빚으실 때 사용하시는 첫 번째 도구는 말씀과 성령이다.

말씀과 성령을 따로 보면서 하나님이 말씀을 통해 우릴 어떻게 빚으시고 또한 성령을 통해 우릴 어떻게 변화시키시는지 생각해볼 수도 있다. 하지만 나는 여기서 말씀과 성령을 따로 보지 않고 같이 보려고 한다. 하나님이 분명 말씀을 통해 우릴 빚으시고 새롭게 하시는 것이 맞지만, 그 말씀이 성령의 능력과 확신으로 임해야만 진정한 변화와 성숙이 이루어지기 때문이다.

데살로니가교회는 성숙한 교회의 모델이었다. 데살로니가전서 1장에서 사도 바울은 데살로니가교회를 칭찬하면서 그들의 믿음과 사랑이 그들이 속한 지역인 아가야와 마게도냐뿐만 아니라 각처에 알려지고 있다고 했다. 그러니까 지중해 곳곳에 세워지고 있는 초대교회마다 데살로니가교회에 대한 소문이 들려지고 있다고 극찬한 것이다.

그들이 그렇게 되기까지 그들 안에서 어떤 능력이 작동했던 것일까? 하나님은 사도 바울을 통해 이렇게 말씀하신다.

이는 우리 복음이 너희에게 말로만 이른 것이 아니라 또한 능력과 성령과 큰 확신으로 된 것임이라 살전 1:5

그들에게 전해진 복음이 말로만 이르지 않았기 때문이라고 한다. 그냥 정보로만 전해진 말이 아니었다. 데살로니가 성도들 안에서 그 말씀이 능력과 성령과 큰 확신으로 임했기 때문에 그들이 아름답고 성숙한 교회가 될 수 있었던 것이다. 그러니까 성령께서 말씀을 가지고 능력과 큰 확신으로 그들 안에 적용시키셨다는 것이다.

우리는 말씀을 그냥 정보로 받을 수가 있다. 아니면 말씀을 성령의 능력과 큰 확신으로 받을 수도 있다. 나는 우리 모두에게 하나님의 말씀이 성령의 능력과 큰 확신으로 임하기를 바란다. 그럴 때 그 말씀이 성령의 능력으로 우리 안에서 진정한 변화와 성숙을 이루어갈 것이기 때문이다.

초대교회 당시, 사도들이 오순절 날 성령을 받고 밖에 나가 무리에게 말씀을 전했을 때 무리가 어떻게 반응했는가? 성령 충만해진 사도들이 말씀을 전하자, 그들이 가슴을 치기 시작했다.

'오, 형제들이여. 그러면 우리가 어떻게 하면 좋겠습니까?'

이것이 성령께서 하시는 일이다. 하나님의 말씀을 그냥 정보로 받는 게 아니라 하나님의 깊은 확신과 능력으로 받게 되니까 말씀 앞에 고꾸라지는 것이다. 말씀이 가슴을 후벼파고 찢는 것이다. 그러니 말씀 앞에 가만히 있을 수가 없다. 그 말씀 앞에서 '내가 어떻게 살아야 하는가' 하며 가슴을 치게 된다. 이것이 성령으로 임하는 말씀이다.

하나님의 말씀은 살아 있다. 하나님의 말씀은 좌우의 날 선 검보다도 예리하여 우리의 관절과 골수, 생각과 마음을 찔러 쪼갠다. 살아 있고 생명력 있는 하나님의 말씀이다.

하나님은 말씀으로 우리를 빚어가신다. 말씀이 들어와서 살이 되고 뼈가 된다. 말씀이 들어와서 우리의 성품이 되고 우리의 생각이 되는 것인데, 말씀이 그냥 정보로 들어오면 그렇게 될 수 없다. 하지만 성령의 능력과 깊은 확신으로 들어온다면 이 말씀 앞에 우리는 고꾸라지고 말씀대로 살기 위해 어떻게 하면 좋을지 가슴을 칠 것이다.

하나님이 사용하시는 도구는 말씀이다. 그 말씀이 정보가 아니라 성령의 능력으로 우리에게 임할 때, 우리 안에 진정한 변화, 그리스도의 형상으로 성숙해지는 하나님이 원하시는 변화를 이루어간다. 이것이 하나님이 사용하신 첫 번째 도구다.

그러니 가장 중요한 것은 말씀이 하나님의 능력과 생명력이 되어서 나에게 임하도록 하나님의 영이신 성령께 우리 자신을 내어드리는 것이다. 그리고 말씀을 듣고 묵상할 때, 내 마음에 성령이 임하셔서 그 말씀이 하나님의 능력과 깊은 확신으로 역사해달라고 기도로 나아가야 한다. 그럴 때 하나님은 말씀과 성령을 통해 우리를 하나님의 형상으로 빚어가실 것이다.

사람을 사용하셔서 빚으신다

하나님이 우리를 빚으시기 위해 사용하시는 두 번째 도구는 사람이다.

> 철이 철을 날카롭게 하는 것같이 사람이 그의 친구의 얼굴을 빛나게 하느니라 잠 27:17

철을 무엇으로 날카롭게 할 수 있는가? 돌로 하면 망가지고 나무로 하면 나무가 부러져나간다. 철을 날카롭게 하는 것은 오직 철이다. 마찬가지로 사람만이 다른 사람을 빛나게 한다는 말씀이다. 하나님은 사람들을 통하여 우리를 변화시키고 우리 안에 그분의 형상을 이루어가신다. 속사람을 변화시키시는 것이다.

성경에서 가장 드라마틱한 변화의 이야기를 꼽으라면, 야곱의 이야기가 단연 첫 번째일 것이다. 야곱은 나중에 이스라엘이 된다. 이스라엘이라는 새 이름을 하나님이 주셨다.

야곱은 처음부터 하나님의 소명을 갖고 이 세상에 태어난 자였다. 하나님께서는 처음부터 야곱을 아브라함과 이삭과 함께 이스라엘의 족장으로 만드시려는 계획이 있으셨다. 그런데 야곱이 변하지 않으니까 사용하지 못하셨다. 그런 야곱이 결국 변화되었다. 속사람이 완전히 변했기 때문에 하나님이 새로운 이름을 주셨다. 새로운 이름을 주셨다는 것은 그가 완전히 변했다는 것이고, 그 이름이 바로 '이스라엘'인 것이다.

하나님은 그에게 이스라엘이란 새 이름을 주셔서 그를 한 나라의 족장이 되게 하셨다. 야곱이 변화되었기 때문에 한 나라의 아비가 된 것이다.

야곱은 태어나면서부터 쌍둥이 형 에서의 발뒤꿈치를 잡고 태어났다. 태어나면서부터 경쟁심이 대단했던 아이였다. 야곱이라는 이름 자체가 '겨루는 자, 뒤꿈치를 잡는 자'라는 뜻이다. 그런 야곱을 변화시키시기 위해 하나님이 무엇을 사용하시는가? 사람들을 사용하셨다.

처음엔 가족을 사용하셨고, 외삼촌 라반의 집으로 도피한 후에는 외삼촌 가족과 그곳에서 겪은 여러 일들을 통해 야곱을 변화시키셨으며, 결정적으로 그를 죽이러 오는 그의 형 에서를 사용하셔서 야곱을 변화의 자리로 인도하셨다. 결국 하나님이 얍복강 나루에서 그를 직접 만지시고 변화시키셨지만, 그 변화의 자리로 오기까지 하나님께서 여러 사람들을 사용하셔서 야곱을 인도하셨다는 것을 우리가 잊지 말아야 한다.

하나님은 우리를 이 세상에 은둔자로 태어나게 하시지 않았다. 부모가 있게 하셨고, 가정 안에 두셨으며, 자라면서 사회 안에 속하게 하시고, 또 믿는 자들에게 믿음의 공동체를 허락하셨다. 우리는 홀로 있는 게 아니다. 항상 사람들에게 둘러싸여 있다. 그 이유 중의 하나는 하나님이 사람들을 통하여 우리를 변화시키기 위해서다.

우리는 부모를 통해 혼나거나 칭찬을 받으며 변화되고, 또 형제들과 함께 살면서 변화를 이루며, 결혼 후에는 배우자를 통해 변화를 맞는다. 혼자 살기도 힘든데 한 사람을 또 허락하셔서 일평생 같이 살게 하시는 것은, 우리 안에 새 사람을 만드시려는 하나님의 섭리 때문이다. 하나님은 우리를 둘러싼 사람들을 통해 우리를 빚어 가신다.

때로는 롤모델을 허락하셔서 어떻게 믿음 생활을 해야 하는지를 알려주시고, 우리 주위에 우리를 격려하는 자, 축복하는 자, 기도하는 자를 허락하셔서 우리를 변화시켜가시기도 한다. 때로는 사람들을 통해서 우리 자신이 볼 수 없는 자신의 그림자를 보여주시기도 한다. 우리 주위에 있는 사람들을 통해 우리에게 필요한 권면과 사랑의 견책을 하게 하시어 결국 우리를 빛나게 하시려는 하나님의 섭리가 있는 것이다.

그런 의미에서 우리의 가정과 내가 속한 사회와 믿음의 공동체를 볼 수 있어야 한다. 우리 믿는 자들에게 가장 중요한 사람들은, 첫째로는 물론 가족이고 둘째로는 믿음의 형제자매들이 될 것이기 때문이다. 성경이 믿음의 공동체에 대해 뭐라고 하시는가?

그가 어떤 사람은 사도로, 어떤 사람은 선지자로, 어떤 사람은 복음 전하는 자로, 어떤 사람은 목사와 교사로 삼으셨으니 이는 성도를 온전하게 하여 봉사의 일을 하게 하며 그리스도의 몸을 세우려 하심이라 우리가 다 하나님의 아들을 믿는 것과 아는 일에 하나가 되어 온전한 사람을 이루어 그리스도의 장성한 분량이 충만한 데까지 이르리니 엡 4:11-13

사도로, 선지자로, 복음 전하는 자로, 목사로, 교사로 교회에 허락하신 이유는 온 성도를 성숙하고 온전하게 하려 하심이다. 그래서 그들에게 사역을 맡기고 그리스도의 몸을 세우려 하신다. 그리고 우리가 한 명도 예외 없이 하나님의 아들을 믿는 것과 아는 일에 하나가 되어서 온전하고 성숙한 사람을 이루어 그리스도의 장성한 분량이 충만한 데까지 이르리라고 한다. 이것이 하나님의 섭리다.

사실, 우리가 홀로 믿으면 얼마나 편한가? 하지만 홀로 믿음 생활하면 편할지는 모르겠지만, 변하진 않는다. 그래서 우리 주변에 사람들을 허락하시는 것이다. 이렇게 많은 사람들을 허락하셔서 우리를 빚어나가시는 것이다. 하나님은 우리 주위에 있는 사람들을 통해 우리에게 필요한 권면과 사랑의 견책을 하게 하시어 결국 우리를 빛나게 하신다.

변화와 성숙을 향해 우리는 다른 길로 갈 수 없고, 홀로 갈 수 없다. 같이 가야 한다. 그런데 같이 간다는 건 좋은 일도 많지만 때로는 아픈 것이다. 부닥침도 있다. 그래야 우리 안에 변화와 성숙이 이루어지지 않겠는가? 사람들을 귀히 볼 수 있어야 한다. 믿는 자들은 그래서 성도의 교제를 귀히 볼 수 있어야 한다. 그런 가운데 우리를 빛나게 하시려는 하나님의 섭리가 있기 때문이다.

어려움을 통해 빚으신다

하나님이 우리를 빚으시기 위해 사용하시는 세 번째 도구는 어려움이다.

어려움을 좋아할 사람은 아무도 없다. 시련을 좋아하는 사람은 아무도 없다. 그러나 하나님은 어려움을 통해 우리를 변화시키시고 빚어가신다. 그러니 우리는 어려움을 하나님께 올려드릴 수 있다.

하나님이 토기장이시라면, 우리의 모난 부분들을 잘라내고 갈아 다듬지 아니하면 작품이 나올 수 없다. 우리 안에 그리스도의 작품이 이루어지기 위해서는 어려움이 분명히 있어야 한다. 하나님이 어려움을 사용하신다.

왜 하나님께서 사랑하는 자들에게 어려움을 주시는가? 하나님이 그분의 독생자의 피를 흘릴 만큼 우리를 사랑하시는데 왜 시련을 허락하시는가? 이 질문에 성경이 분명히 주시는 말씀은 '우리 안에 그리스도의 형상을 이루시려고'이다. 우리의 믿음을 아름답게 하시려고, 우리의 성품을 빛내시려고 하나님이 허락하시는 것이다.

> 고난당하기 전에는 내가 그릇 행하였더니 이제는 주의 말씀을 지키나이다
>
> 시 119:67

시편 기자는 고난당하기 전에는 내가 그릇 행하였다고 고백한다. 성경은 우리가 각기 양 같아서 각자 제 길로 갔는데, 하나님이 고난을 통해 주의 말씀에 순종할 수 있게 하신다고 가르친다. 양이 자기 고집대로 가려는 것을 선한 목자가 길들여서 생명의 길로 인도하듯이, 하나님이 고난을 통해 주의 말씀을 지키고 주의 길로 갈 수 있도록 우리를 인도하신다는 말씀이다.

> 고난당한 것이 내게 유익이라 이로 말미암아 내가 주의 율례들을 배우게 되었나이다 시 119:71

시편 기자는 또한 고난당한 것이 유익이라는 것을 깨닫게 되었다고 한다. 머리로만 알고 있던 주의 율례들을 고난을 통해 삶으로 배우게 되었기 때문이다. 바울의 삶, 야곱의 삶, 다윗의 삶, 아브라함의

삶을 보라. 하나같이 다 고난을 통해 주의 율례들을 배우며 따르게 되었다. 우리도 마찬가지라는 것이다. 그런 면에서 고난이 유익이라는 것이다. 고난을 통해 우리를 빚어가시고 예수의 길을 가게 하시니 이것이 유익이라는 것을 깨닫게 된 것이다.

욥의 고백을 보자.

그러나 내가 가는 길을 그가 아시나니 그가 나를 단련하신 후에는 내가 순금같이 되어 나오리라 욥 23:10

욥은 자신은 하나님을 두려워하며 의롭게 살았는데, 왜 어려움이 계속 임하는지 이해하지 못했다. 그런데 어느 한순간 하나님의 입장에서 보게 되었다. 내 입장에서 보면, '이게 무엇입니까? 왜 저에게 이런 일이 있습니까?'라고 불평할 수밖에 없지만, 하나님의 입장에서 보게 되니 하나님이 나의 가는 길을 아신다는 것을 깨달은 것이다.

내가 가는 길, 내게 닥친 어려움이 우연히 사고로, 할 수 없어서 일어난 것이 아니라 하나님이 나를 인도하신다는 것이다. 하나님이 그 길에서 나를 단련하시고 빚으신 후에 내가 정금같이 되어 나아가리라는 것이다.

정금이 그냥 이루어지는가? 뜨거운 풀무 속에 들어가서 찌꺼기가 전부 제거되는 과정이 없으면 절대로 정금이 될 수가 없다. 하나님이 고난을 주시는 것은 내 안에 정금, 즉 예수 그리스도의 형상을 만들어가시기 위해서다.

욥은 이것을 깨닫고 여전히 힘들고 아프지만, 적어도 그런 허우적 거림 가운데 하나님께 자신의 어려움을 올려드릴 수 있었다. 우리도 그렇게 할 수 있다. 하나님은 성도들의 고난을 절대로 낭비하시지 않는다. 그러니 고난을 통해 내 안에 정금 같은 믿음을 이루어달라고 기도하며 우리의 어려움을 하나님 앞에 올려드리자.

하나님은 우리의 고난을 낭비하지 않으신다

다만 이뿐 아니라 우리가 환난 중에도 즐거워하나니 이는 환난은 인내를, 인내는 연단을, 연단은 소망을 이루는 줄 앎이로다 롬 5:3,4

사도 바울의 믿음의 고백이다. 그에게도 환난이 많았고 초대교회 성도들에게 환난이 많았다. 그런데 환난 중에도 우리는 즐거워할 수 있고 우리에게는 희망이 있다고 말씀한다. 왜냐하면 하나님은 우리의 환난을 낭비하시지 않기 때문이다.

하나님은 환난을 통해 우리에게 인내를 주신다. 인내를 통해 우리를 연단하신다. 연단은 영어로 'character' 즉 '성품'이다. 그러니까 연단을 통해 우리 안에 그리스도의 성품을 이루어가신다는 말씀이다. 인내는 연단, 즉 그리스도의 성품을 이루고, 그래서 그것이 소망이 되는 것이다.

어떨 때는 고난과 시련이 무슨 의미가 있는지 전혀 모르겠다. 인간적으로 생각하면 이러한 시련이 어떻게 선한 일이 될 수 있을지 도저히 그림이 안 그려질 수도 있다. 그때에도 우리가 소망을 가질 수 있는 것은, 적어도 하나님이 그 어려움을 통해 우리 안에 인내를 이루고, 그 인내를 통해 그리스도의 성품을 이루어가시기 때문이다. 이것이 우리 안에 맺어지는 크고 아름다운 열매다.

우리의 아픔과 어려움을 주님께 드려보자. 그 어려움을 통해 우리 안에 그리스도의 인내와 소망과 성품을 이루시도록 하나님께 내어드리자. 그럴 때 우리 안에 하나님의 새로운 역사가 있을 것이다.

애벌레는 나비로 변하는 모습은 참으로 신비롭고 감동적이다. 그 과정에서 고난을 통해 우리를 빚어주시고 만져주시는 하나님의 섭리가 느껴진다.

애벌레가 나비로 변하는 과정

애벌레가 입에서 뿜는 액체로 고치를 만들고, 그 안으로 꼬리부터 집어넣은 후 거기서 필요한 시간을 보내다가 결국 그 고치를 뚫고 나와 나비가 되는데, 생물학자들은 그 과정에서 가장 중요한 것이 애벌레가 고치를 뚫고 나오는 순간이라고 한다.

그때 애벌레는 고치에서 빠져나오기 위해 무척 허우적거린다고 한다. 엄청난 어려움을 겪고 있는 것이다. 그때, 애벌레가 힘든 것이 안쓰럽다고 고치를 약간 잘라서 쉽게 나오게끔 도움을 주면 절대 나비가 될 수 없다고 한다. 매우 힘들게 고투하며 고치에서 나오는 과정 중에 애벌레의 몸에서 새로운 물질이 생성되면서 나비가 될 수 있는 것이기 때문이다. 그 고난이 없으면 절대 나비가 되어 세상을 날 수 없다는 것이다. 창조주 하나님께서 허락하신 섭리이자 지혜다.

고난의 과정 뒤에는 우리가 전혀 생각지 못한 것이 기다리고 있다. 애벌레가 나비가 될 것이라고 어떻게 상상할 수 있겠는가?

기록된 바 하나님이 자기를 사랑하는 자들을 위하여 예비하신 모든 것은 눈으로 보지 못하고 귀로 듣지 못하고 사람의 마음으로 생각하지도 못하였다 함과 같으니라 고전 2:9

우리는 하나님이 사랑하시는 자들을 위하여 예비하신 것들, 즉 하나님이 사랑하시는 우리를 위해 준비하신 것들을 눈으로도, 귀로도, 마음으로도 보지 못하고, 듣지 못하고, 상상도 못한다. 애벌레가 자신의 고투 뒤에 나비가 될 것이라고 상상하지 못하는 것처럼 말이다.

하지만 하나님은 알고 계신다. 하나님이 준비한 것이 있으시다. 하나님이 예비해두셨다. 그 아픔과 어려움, 허우적거림을 통해 하나님이 허락하시는 은혜로 날 수 있는 날이 올 것이다.

애벌레가 나비로 변하는 과정을 '탈바꿈'(metamorphosis)이라고 하는데, 헬라어로는 '변화'라는 단어다. 이 단어가 성경에 쓰이고 있다는 사실을 알고 있는가?

너희는 이 세대를 본받지 말고 오직 마음을 새롭게 함으로 '변화를 받아' 하나님의 선하시고 기뻐하시고 온전하신 뜻이 무엇인지 분별하도록 하라

롬 12:2

'변화를 받아'의 '변화'가 영어로 'metamorphosis'(탈바꿈, 변형, 변태)이다. 도저히 이해 안 되는 억울함도 있고, 아픔도 있고, 어려움도 있을 것이다. 빨리 주님께서 이 아픔을 거두어주시길 바랄 것이다. 물론 하나님이 도와주신다. 하나님께서 개입하셔서 역사하실 것이다. 그러나 그 과정에서 하나님이 이루시는 진정한 변화가 있다. 그러니 우리에게 허락된 어려움을 통해 하나님이 우리 안에서 예수 그리스도의 형상으로 변화(metamorphosis)를 이루어가실 수 있도록 우리의 어려움을 하나님께 올려드리자.

하나님은 우리를 사랑하시는 아버지이시자 우리를 만지시고 빚으

시는 토기장이시다. 그 하나님은 우리 안에 그리스도 예수의 형상을 이루시기 위해 말씀과 성령으로 역사하신다. 그리고 사람들을 통하여 우리를 빚으시고 또한 어려움을 통하여 변화의 역사를 이루신다. 하나님 아버지의 선하신 뜻이 우리 내면에 이루어질 수 있도록 우리 자신을 하나님께 기쁨으로 내어드릴 수 있기를 바란다. 진정한 변화와 성숙의 열매가 우리 내면에서 아름답게 맺힐 것이다.

마음의 주인을 바꿔라

초판 1쇄 발행	2024년 2월 21일
지은이	김승욱
펴낸이	여진구
책임편집	이영주 박소영
편집	최현수 안수경 김도연 김아진 정아혜
책임디자인	노지현 마영애 | 조은혜 이하은
홍보 · 외서	진효지
마케팅	김상순 강성민
제작	조영석 허병용

마케팅지원 최영배 정나영
경영지원 김혜경 김경희

303비전성경암송학교 유니게 과정
이슬비전도학교 / 303비전성경암송학교 / 303비전꿈나무장학회

펴낸곳   규장

주소 06770 서울시 서초구 매헌로 16길 20(양재2동) 규장선교센터
전화 02)578-0003   팩스 02)578-7332
이메일 kyujang0691@gmail.com   홈페이지 www.kyujang.com
페이스북 facebook.com/kyujangbook   인스타그램 instagram.com/kyujang_com
카카오스토리 story.kakao.com/kyujangbook
등록일 1978.8.14. 제1-22

ⓒ 저자와의 협약 아래 인지는 생략되었습니다.
이 출판물은 저작권법에 의해 보호를 받는 저작물이므로 무단 전재와 무단 복제를 할 수 없습니다.

책값 뒤표지에 있습니다.
ISBN 979-11-6504-511-1 03230

규 | 장 | 수 | 칙

1. 기도로 기획하고 기도로 제작한다.
2. 오직 그리스도의 성품을 사모하는 독자가 원하고 필요로 하는 책만을 출판한다.
3. 한 활자 한 문장에 온 정성을 쏟는다.
4. 성실과 정확을 생명으로 삼고 일한다.
5. 긍정적이며 적극적인 신앙과 신행일치에의 안내자의 사명을 다한다.
6. 충고와 조언을 항상 감사로 경청한다.
7. 지상목표는 문서선교에 있다.

하나님을 사랑하는 자 곧 그의 뜻대로 부르심을 입은 자들에게는 모든 것이 合力하여 善을 이루느니라(롬 8:28)

규장은 문서를 통해 복음전파와 신앙교육에 주력하는 국제적 출판사들의
협의체인 복음주의출판협회((E.C.P.A:Evangelical Christian Publishers
Association)의 출판정신에 동참하는 회원(Associate Member)입니다.